クラスがみるみる落ち着く

教師のすごい指導法！

★荒れを克服する50の実践

城ヶ﨑滋雄 [著]
Jougasaki Shigeo

学陽書房

まえがき

　若い先生たちから、いちばん多く相談を受けるのが、「クラスが荒れてきて困っている」ということです。昔とは比較にならないほど「クラスの荒れ」は頻繁に起こるようになってきました。
　私は、「荒れたクラス」に途中から入って、そのクラスを立て直すということを経験してきました。本書は、その経験から得たクラスを立ち直らせるための具体的な方法についてまとめました。
　一つでも二つでも試していただけると、グッと子どもの反応が変わり、やがてクラスも変わってくることを実感されると思います。

　そもそもクラスが荒れるということは、担任のやり方が子どもたちにマッチしていないということです。ですから、先生の今のやり方を子どもたちは受け入れられないのです。それを無理に推し進めれば、状況はますます悪くなるばかりです。
　まずは、気負わないで子どもたちに寄り添うことが大切です。そして、子どもたちと戦わないようにします。子どもたちが先生のやり方に合わせようとしないのなら、先生が子どもたちに合わせてみます。希望を受け入れ、やらせてみるのです。
　これは、「待つ」指導です。子どもたちのやり方が上手くいけばそれを続け、機能しなければ代案を子どもたちと一緒に考えます。
　そのようにして、子どもたちとの良い関係ができてきたら、先生のやり方を徐々に浸透させていきます。やがてクラスが変われば良いと鷹揚に構えることです。急がずに変わるまで「待つ」ことが大切なのです。
　私が、この「待つ」指導を意識するようになったのは「不登校対

策教員」を担当してからです。

　不登校児は繊細だからこそ不登校になります。我慢強いのですが、我慢の限界を超えると不登校になってしまいます。そして、不登校になるとその反動で、今まで抑えていた心が崩れます。その結果、極端にわがままになります。

　不登校対策教員になる前までの私は、わがままな言動を遠慮なく叱っていました。当初は、不登校児とはいえ、熱意があれば学校に復帰させることができると安易に考えていました。しかし、それが通用しませんでした。

　そこで悩んだあげく、不登校児と付き合うには、まず「わがまま」を受け入れてみることにしました。

　わがままを存分にさせ、子どもの気持ちを満足させるようにしてみたのです。叱りたい気持ちをグッと我慢しました。「忍」の一字です。不登校児は、そんな私を挑発するような発言をしてきます。

　担任時代はそんな我慢をしたことがないだけに、ストレスが溜まります。とうとう、５月には学校に行きたくない、不登校児に会いたくないと、私が不登校になっていました。

　そんな憂鬱な日々を過ごしていたある日、「彼らもこんな思いをしているのか」と思ったことがありました。私が「不登校」になって不登校児の気持ちが少しだけわかったのです。

　また、彼らを学校に早く復帰させなければ、という考えばかりに囚われている自分にも気がつくことができました。クラスの荒れを「早く何とかしなきゃ」と、立て直そうと焦っている先生方の気持ちと同じです。この考えが自分を苦しめていたのです。

　そのことに気がついてからは、安心して不登校をさせてやろう、十分に不登校をさせてやろう、枯渇しているエネルギーを満タンに

してやろう、サポーターに徹しようという意識に変わりました。

　不登校児のペースを容認し、希望を受け入れられるようになり、わがままを許して見守れるようになってきました。「そうなんだ」と笑って接することができるようになり、「それでもいいんだよ」と長い目で見られるようになってきたのです。

　その結果、子どもたちにも徐々に変化が見られ、学校へ来られるようになっていったのです。

　この不登校対策教員の経験が荒れているクラスの子どもたちとの関わりにも役立ちました。気負うことなく、まずは子どもたちを受け入れる。そして、ちゃんとしている子どもたちを認め、徐々に先生の理解者を増やしていきます。

　すると、緩やかにクラスが変容していくのですが、子どもたちはそれに気づきません。しかし、周囲は「変わった」「落ち着いてきた」と評価します。それが子どもたちの励みにもなります。

　人は褒められたり、認められたりすると嬉しくなります。自己肯定感を持つことで、成長するのです。

　クラスが荒れる理由にはいろいろとあります。荒れに直面した時には、「こんなに頑張っているのに、何で荒れるんだろう」と悩む気持ちで一杯になるものです。しかし、それを「どうしたら良くなるのだろう？」「この方法がダメなら、他の方法はどうかな？」と前向きに考え直すことが一番大切です。

　前向きにいろいろな実践を試していき、「やがて変わればいい」と鷹揚に構えていれば、クラスの荒れは自然に収まっていきます。本書がその一助となれば幸いです。

城ヶ﨑 滋雄

クラスがみるみる落ち着く
教師のすごい指導法!
もくじ

まえがき 3

第1章 荒れを感じるクラスと向き合うために始めること …… 11

- ❶ まずは子どもと戦うことをやめる 12
- ❷ 子どもの良さに注目する 14
- ❸ 子どものやり方に任せてみる 16
- ❹ 共感することで落ち着かせる 18
- ❺ 先生の立ち姿から信頼が生まれる 20
- ❻ 子どもの時間を奪わない 22
- ❼ 贔屓を感じさせないクラスにする 24
- ❽ 朝の挨拶から信頼関係をつくる 26
- ❾ 授業でたくさん会話する 28
- ❿ お手伝いを喜ぶクラスづくりを 30
- ⓫ やがて変われば良いと考える 32

COLUMN 心の疲れを軽くする方法…❶ 悩みは聞いてもらうと軽くなる 34

第2章 子どもが素直に受け入れる叱り方を工夫していこう! ……… 35

1. 真剣な失敗は叱らずに褒める　36
2. 口答えや屁理屈がでない叱り方　38
3. 叱らずに叱る効果を生みだす方法　40
4. 過去とは切り離して叱る　42
5. 長々と叱ることをやめる　44
6. いつも冷静に叱るための工夫　46

COLUMN 心の疲れを軽くする方法…❷　遠慮なく助けを求める　48

第3章 学習環境を整えてクラスに落ち着きを取り戻そう! ……… 49

1. 椅子をしっかり入れさせる　50
2. 机の中の整理・整頓をさせる　52
3. 教室の床のゴミをゼロにする　54
4. 使った物を元の場所に戻させる　56
5. 派手な筆箱をシンプル化する　58
6. 勉強道具の位置を整える　60
7. 崩れた姿勢を改めさせる　62

COLUMN 心の疲れを軽くする方法…❸　孤独にならない環境を選ぶ　64

第4章 荒れにつながる言動はこのように改善していこう! ……… 65

- ❶ 言葉づかいが悪い子どもには 66
- ❷ 物を投げて渡す子どもには 68
- ❸ 素早く整列できない時には 70
- ❹ 元気に外で遊ぶようになるには 72
- ❺ トイレでたむろする子どもには 74
- ❻ 一人ぼっちをつくらないためには 76
- ❼ 給食を残す子どもが多い時には 78
- ❽ 掃除をサボる子どもには 80

COLUMN 心の疲れを軽くする方法…❹ あえてマイナス思考になる 82

第5章 授業中の「困った」はこのように改善していこう! ……… 83

- ❶ 授業に遅れてくる子どもには 84
- ❷ 発表する子どもが固定化している時には 86
- ❸ 友だちの発言を馬鹿にする子どもには 88
- ❹ 挙手したくてもできない子どもには 90
- ❺ わかっていても発表しない子どもには 92
- ❻ 活気ある話し合いができない時には 94
- ❼ ノートに落書きをする子どもには 96
- ❽ 繰り返し練習ができない子どもには 98
- ❾ 丁寧さに欠ける子どもには 100
- ❿ 雑な文字を書く子どもには 102

COLUMN 心の疲れを軽くする方法…❺ 悩んだら悩み尽くす 104

第6章 理解と協力を得られる保護者対応をしよう! ……… 105

- ① 保護者の心をほぐす電話連絡　106
- ② 子どもの短所を指摘する時には　108
- ③ 学校でのできごとを連絡帳に書く　110
- ④ 連絡帳の事務的な返事をやめる　112
- ⑤ 保護者と話す機会を多く持つ　114
- ⑥ 学級通信でクラスの様子を知らせる　116
- ⑦ 明日の予定がわかるようにする　118
- ⑧ 欠席した日の連絡には配慮が必要　120

あとがき　122

第1章
荒れを感じるクラスと向き合うために始めること

最も大切なことは、子どもが先生の指導を素直に受け入れられる状態にしていくことです。クラスに落ち着きを取り戻すために、子どもたちとの関係づくりから始めていきましょう！

① まずは子どもと戦うことをやめる

人は受け入れられたと思うと、相手に親しみを覚え、拒否されたと思うと相手を嫌いになります。子どもへの対応は、まず「受け入れる」ことから始めます。

▶▶ カッとなっても子どもとぶつからない

　子どもの反抗的な態度に対し、多くの先生はついついカッとなり、叱責というかたちで正面からぶつかってしまうものです。

　例えば、授業中にお絵描きをしている子どもに、「ちゃんと勉強をするように」と注意します。すると、子どもは「お喋りをしているわけではなく、授業の邪魔はしていません」と口答えをします。

　行動を改めるだろうと期待していた先生は、「授業に集中していないと、勉強がわからなくなるでしょ！」と、語気を荒げます。

　すると、子どもは「勉強は塾でやっているからわかります。暇だったからお絵描きをしていたんです」と開き直ります。もうこうなると、売り言葉に買い言葉、口論を止めることはできません。

▶▶ まずは一歩引いて子どもを受け入れる

　このように先生が子どもとやり合う姿は滑稽です。まわりの子どもたちは冷めた目で見ています。先生の威厳が喪失する瞬間です。

　口答えをする子どもには、先生が一歩引いて冷静に対応することが大切です。「子どもはいたらなくて当然、だからこそ子どもと呼ばれるのだ」と思えば腹も立たないものです。

子どもとは喧嘩をせずに、受け入れます。受け入れてくれた先生を子どもは信用しようとします。

　例えば、「君の言い分はわかった。では、あと何分あげればいい？」と条件付きでお絵描きを認めます。また、「なるほど、よく理解できているということだね。それなら、わからない人に教えてあげてくれない？　君の力を貸してほしいなあ」と子どものプライドをくすぐります。

　もし、子どもが提案を受け入れ、実行したら「ありがとう」とお礼を言います。それが先生と子どもとの信頼関係を築きます。

さらに一工夫

◎貢献する喜びを経験させる

　「授業はみんなでやるものだから、君の力をみんなの学力向上に役立ててほしいなあ」と貢献する素晴らしさを説きます。

　人はあてにされると応えようとします。友だちに教えることで人望が増し、自分の存在価値を高められます。

2 子どもの良さに注目する

どんなクラスにも何か当たり前にできていることがあるはずです。それを褒め続けることで、「自分たちにもそんないいところがあるのか」と気づかせます。

▶▶ 子どもの「悪さ」に注目するのをやめる

　荒れの兆候が見られるクラスの子どもたちの多くは、「束縛される時間」に耐えられません。
　例えば、全校集会の時間です。子どもたちは体育座りをして校長先生の話を聞いていますが、しばらくすると、後ろを向いてお喋りをしたり、胡坐をかいたり、膝の上で頬杖をつき始めたりします。
　子どもたちは、話を聞く態度が悪いという自覚はなく、先生の視線など気にしていません。一方で先生はどうしても、そうした態度の悪い子どもたちばかりに気をとられてしまいがちです。

▶▶ ちゃんとしている子どもを褒める

　どんなに荒れていても、全員が「悪い」ということはありません。必ずちゃんとしている子どもがいます。
　先生が注目すべきは、この「ちゃんとした子ども」です。一握りでもそういう子どもたちに光をあてます。態度が悪い子どもに向いていた目を、ちゃんとしている子どもに向け直すようにします。
　ちゃんとしている子どもを見つけたら、両手で輪（「○」）のハンドサインを送ります。先生が褒めていることに気づくと、ますま

す姿勢が良くなります。また、それを見ていたまわりの子どもたちも居ずまいを正すようになります。

　教室に戻ったら、「『○』を貰った人?」と聞きます。子どもたちは天井に突き刺すような勢いで挙手するはずです。先生はその際に、手を挙げた子どもたちの良さを、「体育座りの姿勢がとても素晴らしかったね」と価値づけて褒めていきます。

　まずは、ちゃんとした子どもを認めていくことで、当たり前のことを当たり前にできる素晴らしさが、教室を包むようになります。

さらに一工夫

◎態度を改めたら「OK」サイン

　友だちへの「○」を見て、態度が悪かった子どもが自分の行動を改めます。先生は指で「OK」サイン（小さい「○」という意味）を送ります。子どもは、褒め方の違いに気づきます。褒められながらも自分の悪かったところを自覚できます。

第1章　荒れを感じるクラスと向き合うために始めること　15

3 子どものやり方に任せてみる

先生のやり方に不満を言ってくる子どもがいます。カチンときますが、とにかくその言い分を受け入れ、子どものやりたい方法に任せてみることも大切です。

▶▶ 子どもなりの理由に耳をかたむけてみる

　先生が、男女混合のグループづくりを指示すると、男子同士、女子同士の「好きな人同士」のグループを求めてくることがあります。クラスが荒れてくると、その傾向が顕著になります。

　そのような場合、即座に子どもたちの意見を却下する先生がいますが、それでは反発を招くだけです。

　まずは、「どうして、仲良し同士がいいの？」と聞きます。すると、「楽しくできる」「喧嘩をしなくてすむ」と、子どもなりに前向きな回答がでてきます。

▶▶ まずは子どもに任せて問題点に気づかせる

　子どもの意見を受け、グルーピングをすべて子どもに任せてみます。

　ただし、一人ぼっちをつくらないという条件をつけます。すると、なかなか決まりません。誰かが一人っきりになるのです。結局、子どもたちは先生が指示した男女混合のグループを受け入れます。

　また、上手くグループ分けができても、活動を始めると支障がでてきます。例えば、調理実習です。料理の経験があまりない男子は、作業が滞ります。そのグループから、「女子がいればなあ」という

呟きが聞こえてきます。その時がチャンスです。

　そこで、先生が「仲良しグループもいいけど、女子がいてくれたら調理実習が上手くいくのにね」と心配そうに声をかけると、子どもたちは先生に助けを求めてきます。

　「困っているなら、みんなにグループの再編成を提案したら？」と促します。先生が再編成を強いたわけではないので、子どもたちは自分たちの問題として考えます。

　一度失敗させてから、納得へ導くことも一つの方法です。

さらに一工夫

◎「改善方法はある？」と先手を打つ

　子どもたちに「もっとこうしたらクラスが良くなるということがありますか？」と聞きます。前向きな「改善」方法を募ります。採用するかどうかを子どもたちに諮り、実行します。うまくいけば継続し、そうでなければ元に戻したり新たな方法を考えたりします。

4 共感することで落ち着かせる

子どもは「自分のことを理解してくれた」と感じられた時に、指導を受け入れる準備が整います。問題行動への対応には、「共感」が一つのポイントです。

▶▶ 声を荒げる指導を改める

　荒れているクラスでは、子ども同士のトラブルが絶えません。先生はその収拾に奔走しますが、対応のしかたには工夫が必要です。
　例えば、子ども同士の喧嘩の場面では、次のような光景を目にすることがあります。
　先生が「何で叩くの！　暴力はどんなことでも許されません」と言うと、「だって、先にあいつが悪口を言ってきたんだもん」と子どもは興奮して反発します。先生は、「じゃあ、口で言えばいいでしょう！」とますます声を荒げてしまいがちです。
　このような対応では、事態の収拾になりません。この子どもは、また同じようなことを繰り返してしまうでしょう。

▶▶ 行動の背景にある心情を理解する

　こうした場合には、問題を起こしてしまった子どもの気持ちを、先生が共有することが必要です。子どもへの共感です。
　先のケースでは、先生はまず、叩きたくなった理由を聞きます。そして、「先生が君の立場だったら、君と同じように叩きたくなるだろうな」「叩きたくなるほど辛かったんだよね」と言葉をかけると、

子どもは自分なりに我慢したことを訴え始めます。

　興奮が収まったころを見計らって「君の気持ちはわかったけど、他の方法はなかったかなあ」と聞きます。すると、「口で言えばよかったかも」と呟くように言います。そこで「叩きたくなるほど腹が立ったことはわかるよ。でも、もっといい方法を見つけると良かったね」と声をかけると子どもは素直に受け入れるものです。

　子どもの訴えは問題を解決してほしいということではありません。自分の気持ちの辛さをわかってほしいと訴えているのです。子どもは先生に共感してもらったことで、自分の感情を確認できます。

さらに一工夫

◎**魔法の言葉、「どうしたの？」**

　子どもが先生を信頼するようになると、注意を素直に聞くようになります。その時の魔法の言葉が「どうしたの？」です。

　子どもは、口答えすることなく、「あのね…」と話し始めます。気持ちが落ち着くと先生の注意を素直に聞く心の準備ができます。

5 先生の立ち姿から信頼が生まれる

先生がずっと座って授業をするのと、立って授業をするのとでは、子どもと先生との信頼関係に大きな違いがでてきます。

▶▶ 授業は必ず立ってする

　座って授業をする先生を見かけます。足を投げ出し、まるで電車の中の不良のようです。肘をついて説明し、だるそうで全くやる気が感じられません。これでは、クラスの学習意欲はあがりません。
　ところで、なぜ座りたがる先生がいるのでしょうか？　体調の悪さではありません。心が疲れているのです。子どもとの距離を取りたいのです。そして何よりも「良い授業をしたい」という向上心に欠けているのです。
　荒れていないクラスの先生は、必ず立って授業をしています。

▶▶ 立つことで子どものつまずきが見える

　子どもは「若い」先生が好きです。若さは年齢からくるものではなく、教師の立ち居振る舞い、所作からにじみでるものです。
　教卓は一段高い所にあります。そこで立って授業をすると全体を見渡せます。問題を解いている時、鉛筆が動いていない子どもをすぐに見つけることができます。発表を躊躇している子どもは、指がかすかに動くのですが、それを見つけることができます。
　いつも座っていると立つのが億劫になり、どんな時にも子どもを

呼び寄せるようになります。しかし、常に立つことを心がけていると、子どもの疑問に答える際にも、素早く子どもに歩み寄って指導をすることができます。

また、子どもが作業をしている時には、机間指導をしながら励ますことができます。

それにより、子どもは先生に親しみを持ち、信頼するようになります。

さらに一工夫

◎机間指導は横からしゃがんで行う

机間指導はしゃがんで子どもと同じ目線で行います。その際、横に並んで声をかけます。正面から近い距離で話しかけられるとパーソナル・スペースを侵された気分になり、身構えます。その点、横からだと安心できます。

第1章　荒れを感じるクラスと向き合うために始めること

6 子どもの時間を奪わない

子どもが学校生活で一番楽しみにしている時間は休み時間です。授業の延長に気をつけ、その楽しみを奪わないことで子どもに信頼感を与えます。

▶▶ 授業の延長が子どもの信頼を損なう

　授業を時間通りに始められないクラスがあります。チャイムが鳴った時には、しっかりと席に着いていて、教科書が準備してあるという姿が本来の姿です。そのためには、①まずは、先生が時間を守り、②子どもたちが準備する時間を先生が意識的に確保すること、が大切です。

　先生は熱が入るとつい授業を延ばしてしまいます。ですが、先生の意欲とは逆に子どもたちの気持ちは冷めていきます。休み時間をつぶされたと不満を持ちます。

▶▶ 必ず1分前には授業を終える

　そこで、次の時間の準備ができたら終わりの挨拶をするようにルール化します。

　そのためには、授業終了1分前に授業を終えることがポイントです。先生が「終わります」と告げ、その声を合図として、子どもたちに、使用した教科書などを机の中にしまわせ、次の時間の用意をさせます。

　それができたら、起立させ、日直の終了の挨拶と同時にチャイム

が鳴り、休み時間となるようにします。こうすることで、休み時間を奪うことなく次の準備も可能となります。

　子どもたちは、先生が時間を守ってくれるから、自分たちもそうしようという気になります。

　先生が意識的に時間を守ることで、子どもたちからの信頼が高まり、クラスに落ち着きがでてきます。そこではじめて、「決まりを守って行動させる」という指導がスムーズに入るようになります。

さらに一工夫

◎タイマーをセットして授業開始

　授業終了1分前にタイマーをセットします。カウントダウンされるので授業の見通しが立ちます。

　授業の途中でタイマーが鳴ったら潔くやめます。すると、子どもは「この先生は時間を守ってくれる」と信頼します。

7 贔屓を感じさせないクラスにする

「先生はいつも決まった人たちとばかり遊んでいる」と非難する子どもがいます。先生は、贔屓を感じさせない工夫が必要です。

▶▶ 無意識の贔屓に注意を

「先生、一緒に遊ぼう」と誘ってくれる子どもは決まっているものです。こうした子どもの誘いを軽い気持ちで受けていると、いつも同じ子どもとだけ遊ぶことになります。

それをまわりで見ている子どもたちは、特定の子どもだけを可愛がっていると妬み、「先生は贔屓している」という不満を持ちます。その結果、子どもたちとの距離が離れていきます。

「先生は贔屓をしません」と宣言しても、子どもたちはなかなか信じてはくれません。先生が贔屓をしていないという場面を、自らの行動で見せることで、やっと信じるようになります。

▶▶ 遊んでいる箇所を満遍なく回る

「親」という字は「木」の上に「立」って「見」る、と書きます。学校では先生が親代わりです。ですから、先生は子どもたちがどこで誰と何をしているのかを把握している必要があります。

子どもたちはいろいろな場所で遊んでいるので、そこへ順番に顔を出します。始めに、鉄棒で遊んでいる子どもたちの所に顔を出します。次に、ドッジ・ボールをしている所へと順次移っていきます。

この時に大事なことは、子どもたちに「次に行く場所を告げる」ことです。そうすることで、子どもたちは「先生はクラスのみんなを平等に見てくれる」という安心した気分になれます。
　また、先生の居場所がわかるので何かあったらすぐ知らせに行けます。
　子どもたちが遊ぶ様子を一通り見終えたら、休み時間から戻ってくる子どもたちを児童玄関で待ちます。

> 次はサッカーしている子のところへ行くわね

さらに一工夫

◎朝礼台の上に立って見る

　朝礼台の上に立って子どもたちの遊びの様子を見ます。一段高い場所なので、子どもたちの様子を俯瞰できます。子どもたちは物珍しそうに近寄ってきますが、「こうするとみんながどこで何をしているのかがよくわかる」と告げるとまた遊びに戻っていきます。

8 朝の挨拶から信頼関係をつくる

挨拶はよりよい人間関係を築く上で、大切なことの一つです。挨拶ができない子どもをそのままにしないで、その指導法を模索しましょう。

▶▶ 挨拶に反応できない子どもには

廊下の向こうから子どもが歩いてきます。目が合ったので、先生がいることは確認しています。先生が「おはようございます」と声をかけても、子どもは目を伏せて通り過ぎる…と、このような光景を目にすることがあります。

この子どもは先生を無視しているわけではありません。先生のことは見えていますが、心が反応しないのです。

こういった子どもには、「挨拶をしなければならない」という意識がありません。「なぜ、挨拶をしないんだ」と注意すれば、自分には非がないと思っているので、先生に反感を覚えるだけです。

▶▶ 名前を呼んでから挨拶をする

挨拶をしても返せない子どもには、「自分が挨拶されているんだ」と感じさせる必要があります。

そこで、先生は子どもの名前を呼んでから挨拶をするようにします。名前を呼んだ後に間を置くと、互いの視線が必ず合います。そうすると、当事者意識が芽生え、挨拶を返す心の準備が整います。

「A君…、おはようございます」と先生から挨拶をすると、心の

準備ができているＡ君も、「おはようございます」と挨拶を返すことができます。

　その後の先生の言葉がポイントです。例えば、「今朝の登校も早いね」と言葉を続けると、「いつもより早起きしたの」と自分のことを喋るようになります。こうした会話をきっかけに、話が弾むこともあります。挨拶の後に言葉を付け足すと子どもとの関係がさらに良くなります。

さらに一工夫

◎挨拶をするようになったことを教える

　子どものほうから挨拶をするようになったら、「このごろＡ君が先に挨拶をするから、先生も負けないように挨拶をしよう」と声をかけます。この言葉で子どもは自分から挨拶をしていることに気づきます。翌日からは、挨拶をしようという強い意識を持って、登校するようになります。

9 授業でたくさん会話する

先生が近くに寄ると避け、話しかけると「別に…」などと無視するようならば深刻な状態です。子どもと必ず話す機会をつくるための工夫が必要です。

▶▶ 子どもの心が教師から離れている

　クラスが荒れてくると、子どもたちの態度がよそよそしくなります。先生を避けるようになるのです。話しかけると「うっとうしい」といった顔をします。こうなると、先生から話しかけることはあっても、子どもたちから話しかけてくることはなくなります。

　人にはパーソナル・スペースという空間があります。人付き合いの見えない壁です。嫌いな人がその範囲に入ってくることを拒否します。

　クラスが荒れるということは、子どもたちの心が先生から離れているということです。先生が嫌いと言ってもいいでしょう。ですから、先生が自分たちのパーソナル・スペースに入ることを嫌うのです。

▶▶ 授業での会話を繰り返すことがカギ

　そのような場合、関係修復のきっかけとして、公的時間をつかいます。学校の公的時間といえば、授業です。その時間に話す機会を持ちます。公的時間に先生を無視するわけにはいきません。

　まずは、机間指導をしながら子どもの隣で立ち止まって話しかけます。指名して意見を聞きます。板書している子どもに話しかけま

す。これらを繰り返しているうちに、授業中の会話が当たり前になります。先生と子どもたちとの関係が少しずつ改善されます。

　次は、給食の時間です。子どもたちにとって給食は楽しい時間なので心を解放してくれます。

　最後は、休み時間に声をかけます。もっとも安心した時間に会話をすることで先生との壁がなくなっていきます。

　こうして話す機会を繰り返し持つことで、次第に心を先生に開くようになります。

さらに一工夫

◎**話題を共有する**

　自分が興味を持っていることに関心を示してくれると、相手に好感を持つようになります。自分との共通性を見いだすと、心を許すようになるのです。そこで子どもの関心事を話題にします。気持ちよく会話ができるので、先生のことを好意的にとらえるようになります。

10 お手伝いを喜ぶクラスづくりを

子どもは、クラスが荒れてくると人との関わりを煩わしく思うようになります。そんな時は、お手伝いを通して、人の役に立つ喜びと爽快さを感じさせます。

▶▶ お手伝いをしたがらないクラスには

　本来、子どもは先生のお手伝いをやりたがるものです。プリントを配る。他のクラスへおつかいに行く。先生との関係がうまくいっているクラスの子どもたちは、我先にとやりたがります。心穏やかだからこそ、人に尽くす喜びを感じられるのです。

　しかし、クラスが荒れてくるとお手伝いを次第に嫌がるようになります。

　そこで、子どもが嫌がるようなら、やらざるを得ない状況をつくります。「お手伝いをすることは義務」というシステムをつくってしまうのです。

▶▶ お手伝いを日直に担当させる

　例えば、お手伝いは日直の仕事にします。これにはねらいがあります。それは贔屓対策です。お手伝いを快く引き受けてくれる子どもだけに頼むと、「贔屓している」とひがみます。自分は断るのに、友だちが進んで手伝うことは贔屓だと曲げて取ります。

　お手伝いは日直の仕事と位置づけると、否が応でもやることになります。この時が関係づくりのチャンスです。「ありがとう。頼むね」

と声をかけ、終わったら「やってくれてありがとう」とねぎらいます。褒めているのですが、友だちは贔屓だとは言いません。

　翌日も「昨日はありがとう。おかげで助かったよ。Ａさんは良い子だね」と声をかけると、自分の行為が人の役に立っていることを知ります。

　この会話がきっかけとなって子どもの心に穏やかさが戻り、進んでお手伝いができるようになっていきます。

さらに 一工夫

◎同僚にも一役担ってもらう

　前もって同僚に、「担任の先生が、いつもＡさんはお手伝いをよくやってくれると褒めていたよ」と言ってくれるように頼みます。子どもは、人を介して褒められるとより嬉しく感じ、お手伝いへの拒否反応を見せなくなります。

11 やがて変われば良いと考える

「どうしてうまくいかないんだろう…」と、クラスの改善への道のりは途方もなく長く感じるものです。しかし、焦ってはいけません。

▶▶ クラスの再建には時間がかかる

　荒れていたクラスの当事者たちと、卒業後に会った際に「君たちのクラスはなぜ荒れていたんだろうね?」と聞くと、「どうしてかわからない」という答えが返ってきました。

　どのクラスにも共通することですが、クラスがいきなり荒れたりはしません。荒れの兆候は、今までの不満や我慢が一気に爆発した時に表れます。それは、例えるならばまるでドミノのようです。

　「今度は失敗しないように組み立てよう」と思えば、ドミノの組み直しには時間と手間がかかります。荒れたクラスの再建も同じです。

▶▶ 成果をスモールステップに

　しかしながら、長期戦を覚悟はしていても、実際に取り組むと挫折しそうになります。

　私は学生時代に陸上競技の長距離をやっていました。レースの途中で苦しくなると、やめたくなります。まだ先にあるゴールを思い浮かべると、ますますやめたくなります。そこで、「目の前にある電信柱までがんばろう」と目標を低くするようにしていました。

　クラスの荒れを改善する目安も一ヶ月単位とし、改善の成果を低

く設定するといいでしょう。一ヶ月経っても変わらなければ、さらにもう一ヶ月と伸ばしていきます。

　先生が成果を急ぐと、無理が生じます。それは子どもたちへのきつく、厳しい指導につながります。

　これまで述べてきたように、荒れを改善していくには、子どもたちが教師を受け入れる関係づくりからスタートします。それができれば、個別のケースへの指導もすんなりと入っていくはずです。

さらに一工夫

◎ダメなら新たな一手を考える

　あの手この手でクラスの荒れに対処しても変容がない時には、「この方法でもダメなんだなあ」と割り切り、新たな一手を考えます。それでもダメなら、「それもまたよし」と鷹揚に構えて、さらなる一手をもっと長いスパンで考え、深刻にならないことが大切です。

COLUMN

心の疲れを軽くする方法…❶
悩みは聞いてもらうと軽くなる

　クラスの荒れを誰かに相談するのは自分の指導力のなさを認めているようでプライドが許しません。
　誰にも話すことができないため、結局は、クラスの荒れを自分ひとりで抱えることになってしまいます。

　心が疲れている時は、他人に頼り、エネルギーをもらうことが大切です。
　それにはやはり相談することです。それも相手は管理職です。重苦しく相談などと考えず、愚痴や雑談でいいのです。
　「校長先生、聞いてください」とクラスの荒れの大変さを具体的に話します。
　また、クラスの荒れだけではなく、「毎朝、出勤するのが辛いのです」と自分の心の疲れも聞いてもらいます。

　話せるうちはまだ大丈夫です。本当に心が折れると話す元気もなくなります。ぼやきたい、愚痴を言いたいと思っているうちは、どんどん管理職に聞いてもらいましょう。そうすることで、自分の気持ちが軽くなります。

　愚痴を言わず、相談をせずという姿勢は周囲に「大丈夫なんだなあ」と思わせてしまいます。
　悩みが深刻化する前に吐きだしてしまい、心が折れてしまうことを防ぎましょう。

第2章

子どもが素直に受け入れる叱り方を工夫していこう!

問題の多いクラスでは、どうしても叱る場面ばかりが多くなります。子どもとぶつかることなく効果を生みだす「叱り方」を工夫していきましょう！

1 真剣な失敗は叱らずに褒める

一生懸命やった失敗を責められると、子どもたちは結果だけに拘るようになります。失敗に挫けず、目標に向かって努力し続けられるような言葉かけが必要です。

▶▶ 子どもに失敗への抵抗力をつける

　真剣に取り組んだうえでの失敗なら子どもは反省し、改めようとします。
　さらに、子どもが結果よりも過程を大切に思うようになると、「とにかくやってみよう」という前向きな気持ちになります。
　この繰り返しが失敗への抵抗力を高め、挫けない気持ちを育てます。

▶▶ 真剣な失敗の良さを価値づける

　卒業式の呼びかけ練習で自分の順番を忘れていた子どもとの会話です。先生はそっと子どもに近づきます。
　　先生　　「もう忘れないよね」
　　子ども「大丈夫です。集中できます」
　　先生　　「君の失敗したあとの顔がいい。『今度は忘れないようにしよう。』という気持ちが伝わります」
　子どもは「叱られる」と覚悟をしていたはずですが、思いがけない褒め言葉を貰い、安心します。
　こうなると先生のアドバイスを聞く姿勢が整います。先生のアド

バイスに子どもは大きくうなずくようになります。

　その後、二回目の呼びかけ練習の時には、遅れずに自分の台詞を言えました。そこで先生は再び子どもに近寄ります。子どもは微笑んで先生を待っています。

　「今度は遅れなかったね。反省を生かして偉い。真剣に失敗したから本番では絶対に忘れないよ。失敗が練習の時で良かったね」

　こういった先生の励ましで、失敗にはめげずに、目標に向かって努力を続けようという姿勢が育っていきます。

（イラスト：「今回は失敗したけど…そのあとの表情で」「真剣に取り組んでる姿勢が見えたよ!!」）

さらに 一工夫

◎「次が大事。どうしたらいい？」

　「何が原因かな？」と失敗した原因を一緒に考えます。すると、子どもは失敗の原因を分析し始めます。それをもとに「次が大事。どうしたらいい？」と、対策を考えさせます。子どもは、自分で導き出した対策なら責任を持って取り組もうとします。

② 口答えや屁理屈がでない叱り方

感情的に叱ると子どもはふてくされます。子どもが先生の言葉を、素直に受け入れられる叱り方を模索しなければなりません。

▶▶ YOUメッセージで叱るのをやめる

「何でいつもそうなの」「何であなたはだらしがないの」と叱っている場面を見ます。この時の主語は「あなた」です。これをYOUメッセージと呼びます。これだと先生の価値観を押しつけていることになります。

高学年の場合、「いつも…」と言えば「いつもではありません」と口答えをします。「だらしがない」と言えば「人には迷惑をかけていません」と屁理屈を言います。

先生は感情的になり、子どもの自尊心を傷つけるような言葉を発してしまいます。子どもは、ますますふてくされていきます。その様子を遠巻きに見ている子どもたちがいます。彼らの目は先生に批判的です。

▶▶ Iメッセージで叱ると効果あり

こんな時は、Iメッセージで叱ります。「先生ならこうするな」「先生は嫌な気分になるな」と「先生」を主語にして叱ります。

こうすると客観的に物事を見ることができます。興奮することなく冷静に叱れます。Iメッセージは先生の考えです。それを聞いて

子どもは「先生はそう思うんだ」と相手の立場になって物事を考えようとします。また、提案型の叱り方なので、そういう方法もあるのかという気づきにもなります。

　また、子どもが「でも…」と反論しても、「なるほど君はそう思うんだ」と子どもの言い分を認める余裕が生じます。

　では、いつⅠメッセージを発すれば良いのでしょう。それは、子どもの話を聞き終わった時です。思いを言い尽くすと子どもは黙ります。そのタイミングで、穏やかに笑顔で語りかけると、子どもはゆったりした気分で先生の話を聞こうとします。

YOU なんでいつもグチャグチャにつっこむんだっ

I 先生ならエプロンは綺麗にたたむな!!

さらに一工夫

◎「君はどう思う？」と問う

　Ⅰメッセージを発した後に「君はどう思う？」と尋ねます。「だって」「でも」と不満気な顔をしても、「どうすれば良かったのかな？」とさらに問います。その問いが、子ども自身で問題解決をするためのきっかけになります。

3 叱らずに叱る効果を生みだす方法

子どもの問題行動を叱責するばかりが「叱る」という行為ではありません。問題行動を改めるという本来の目的に立ち返ると、効果的な指導法が見えてきます。

▶▶ うるさい！の一喝がさらに状況を悪くする

　荒れているクラスでは、先生の説明を聞かずにお喋りをしている子どもが必ずいます。
　先生はお喋りの声をかき消そうとトーンを上げて説明しますが、皮肉なもので先生のトーンが上がれば上がるほど、子どもたちのお喋りが増え、話し声が大きくなっていきます。そこで先生が「うるさい！」と一喝すると、その時は静かになりますが、すぐに騒然としたクラスに逆戻りです。さらにもう一喝という繰り返しでは、何より先生が先にまいってしまいます。

▶▶ 声のトーンを落とす

　子どもたちの騒がしさに付き合わず、大きな声で注意しなくてもすむ効果的な方法があります。
　先生が、あえて声のトーンを落とします。すると、ちゃんと聞いていた子どもたちが聞き耳を立てるようになります。そして、「ちょっと静かに」とお喋りを制する子どもがでてきます。
　お喋りをしていた子どもたちも教室の異変を敏感に察知し、静かになります。一瞬ですが、教室に静寂が戻ります。クラスの荒れを

つくっている子どもほど繊細だからです。

　それでも、気づかない場合はお喋りをしている子どもたちのそばに歩み寄り、机をトントンと軽く叩きます。すると、お喋りをやめ、姿勢を正します。その瞬間を見逃さず、「いい姿勢だね」と褒めます。お喋りという過去の「悪さ」に注目せず、いい姿勢という今の「良さ」を認めます。褒められたことでお喋りはやみます。

　褒められることで子どもたちは認められたと勇気づけられるので、自分を振り返る心の余裕が生まれます。

さらに一工夫

◎サイレント・タイム

　静かにしてほしい時に先生が説明をやめます。そして、無言で椅子に座ったり教室の後ろに行ったりします。先生のサイレント・タイムでちゃんとしている子どもたちが反応し、お喋りをしていた子どもたちは「異変」に気づきます。

4 過去とは切り離して叱る

昔のことをほじくり返すと、子どもは何が原因で叱られていたのかがわからなくなります。子どもは先生不信になります。正すべきは、過去よりも今です。

▶▶ 過去をほじくり返さないこと

　習字道具を忘れたことを子どもが告げに来たのですが、いつの間にか、「そういえば、昨日も絵の具を忘れたよね」と過去の失敗をほじくり返してしまったことがありませんか？
　そうすると、「いつもそうなんだから」「なんで君は！」と子どもの人格を否定する言葉がでてきてしまいます。
　友だちに借りる、先生に借りるなどこの時間をどのように過ごすのか、次回は忘れないようにするためにはどうすればいいのか、という前向きな話をすべきなのですが、先生の話は子どものダメさを追及するだけのものになってしまいます。
　子どもは忘れたことを正直に告げたことを後悔し、虚しくなります。

▶▶ 「一事に一叱り」と心に決める

　では、どうすれば過去のことをほじくり返さないですむのでしょうか？　それは「一事に一叱り」と強く思い、しっかりと心に決めて実践することです。
　そのためには「習字道具を忘れたことで注意します」と何について注意するのかを宣言します。こうすることで「習字道具のことだ

けを注意するんだぞ」と自分自身に言い聞かせることができます。
　子どもも一つのことだけで叱られるのだなと覚悟ができます。素直に叱られている子どもを目にすると、先生は過去をほじくり返そうという気が起こらなくなります。
　子どもたちにも、今日のことは今日解決するという態度が身につき、トラブルを翌日に持ち越さなくなります。

一事に一叱り

習字道具を忘れたことで注意します!!

よしっ

さらに一工夫

◎**叱る前に釘をさす**
　「先生が聞いたことだけに答えてください」と子どもが言い訳をしないように釘をさすことも大切です。言い訳をしたり不満そうな顔をしたりした時に、先生は過去をほじくり返しがちだからです。そんな要素を事前に摘み取ります。

5 長々と叱ることを やめる

叱り終わった後に、子どもの「学び」がない叱り方では意味がありません。「学び」を生みだすポイントの一つは、長々と叱らないことです。

▶▶ 長いお説教では効果がない

　叱っているとなぜか長くなります。それは言い聞かせようという先生の善意からです。善意ですから、子どもたちは自分が言っていることをありがたがり、納得して受け入れてくれると信じています。
　しかし、先生の説教の長さと子どもの納得度は反比例します。
　また、意外に知られていないのが、クラスが荒れてくると「叱られたら授業がつぶれる」と心の中で拍手をしている子どもたちがいるということです。
　先生の説教が長引いても子どもたちは平気です。神妙に聞いていれば先生の説教はやがてやみます。嵐が過ぎるのをじっと待っていればという知恵が身につきます。
　先生の話は馬耳東風ですから、子どもたちの心に響きません。

▶▶ タイマーで時間を決めて叱る

　では、どうすれば長々とした説教をしなくてすむのでしょう。それは、タイマーを利用することです。「お説教タイムは2分」と決め、タイマーをセットします。教室の後ろへ歩いて行き、背面黒板にタイマーを貼りつけ、教室の正面に戻ります。この往復の間にお説教

の構想を練ります。

　いよいよ説教が始まり、子どもたちは神妙に聞いています。

　２分経過しました。タイマーが「早くとめて！」というように「ピッピッピッ」と鳴り続けています。背面黒板まで黙って歩きます。

　子どもたちは静かに先生の歩きに注目します。この静寂が大切です。

　静かにすることで子どもたちの心が落ち着きます。先生も怒りが収まり、長々と叱らずにすみます。

さらに一工夫

◎５秒前に終わる

　本来は子どもにとって叱られている時間は苦痛です。そんな時間がちょっとでも早く終わると安堵します。「叱られ方が素晴らしいから、時間より少し早く（叱るのを）終わる」と言い切ると、「ありがとうございます」と、叱ったのにお礼を言われることがあります。

6 いつも冷静に叱るための工夫

「アレ？ 先生いつもと違うぞ…」と子どもに思わせると、「どうしたんだろう？」と先生の話に耳を傾けます。

▶▶ 感情が高ぶるのは仕方がない

　叱っていると、口調がきつくなっていきます。先生はそれに気づいているのですが、感情は高まるばかりです。
　一方、子どもは「いつものこと」なので糠に釘です。そんな子どもを見て、先生はさらに激昂し、語気を強めます。
　叱り過ぎているということはわかっていますが、振り上げた拳を下ろせなくなってしまうのです。

▶▶ タイムアウトを取る

　そんな時には「タイムアウト」を取ります。
　「先生は職員室に行ってくる。待っていなさい」と言って、その場を去ります。そうすることで、感情的になっている自分の心から「回避」できます。本当に職員室に行く必要はありません。行く振りでいいのです。タイムアウトを取ることで叱る行為から一時的に解放されます。その時間が先生に冷静さを呼び戻し、頭を冷やすことができます。
　いつもタイムアウトの口実が職員室だと先生の心を読まれてしまいます。そこで、事務室・トイレなど場所を変えます。大切なこと

は、頭を冷やす時間です。それが冷静に叱ることにつながり、体罰など行き過ぎた指導を回避することにもなります。

　悩みごとは時が解決してくれると言いますが、叱ることも同じです。冷静になる時間があれば、いい関係で叱ろうと自制できます。

　頭を冷やして教室へ戻ってくると、神妙な顔をしている子どもが可愛く見えます。なぜか、叱るよりも諭そう、良いアドバイスをしようという穏やかな気持ちで接するようになります。怒鳴り声から諭すような優しい声に変わります。

さらに一工夫

◎子どもにタイムアウトを取らせる

　叱っている子どもにタイムアウトを取らせる方法もあります。「先生は用事を思い出したから、席に戻っていなさい」と自席に戻らせます。

　大事なことは頭に血がのぼっている状況を回避することです。そうすれば、冷静さを取り戻せます。

COLUMN

心の疲れを軽くする方法…❷
遠慮なく助けを求める

　出張で一日クラスを空けた日がありました。音楽は音楽室で専科の先生の授業を受けるのですが、A君とB君が来ていません。クラスのみんなは二人が音楽室に来ない理由を知っているのですが、専科の先生には教えません。クラスが荒れてくると他人には無関心になるので、事情を知っていても教えようとしなくなるのです。

　専科の先生が教室に迎えに行くと、二人が取っ組み合いの喧嘩をしています。驚いた専科の先生は校長先生に助けを求めます。校長先生は静かに仲裁しますが、二人は喧嘩をやめようとしません。
　翌日、出勤すると校長先生がため息をつきながら言います。
　「先生のクラスは大変だね。あんなに凄いとは思わなかった。これからは、もっともっと応援するから」
　クラスが荒れていることを校長先生は知っていましたが、実態を目の当たりにして大変さを理解してくれました。

　その日以来、校長先生から「今日はどうだった。応援は必要？」と声をかけてくれるので、子どものトラブルがあると校長先生の温情に甘えることにしました。喧嘩が発生し、互いの興奮が収まらない時は、校長室に連れて行き、応援を頼みます。
　校長室は職員室の隣にあります。この様子を目にした同僚は「私にできることがあったら何でも言って」と声をかけてくれるようになりました。

第3章

学習環境を整えて
クラスに落ち着きを取り戻そう！

美しいものを、美しいと感じとれるようになると、子どもは次第に落ち着きを取り戻します。子どもとの関係が改善されてきたら、並行して学習環境を整える指導をしていきましょう！

① 椅子をしっかり入れさせる

きちんと椅子をしまえているかどうかを見ます。そこから、やるべきことを粘り強くやり、丁寧に取り組む力が子どもに育っているかがわかります。

▶▶「椅子を入れなさい」では効果がない

　席を離れる時に椅子を入れない子どもがいないでしょうか。
　椅子をしまわない状態に慣れてしまい、おかしいと感じなくなると、クラスに「荒れ」の兆候がでてきます。椅子の乱れは心が荒れてきているサインなのです。
　先生が「椅子を入れなさい」と何度注意しても、早く遊びに行きたい、トイレに行きたいという子どもには声が届きません。
　椅子が出たままになっているたびに注意をしていると、「何回言えばわかるのだろう」とイラつき、先生の心まで荒れてきます。

▶▶ 事前指導で習慣化させることがポイント

　このような場合は、事前の指導で習慣化させることが大切です。「椅子を入れなさい」は、起こったことへの事後対処です。
　子どもたちにとっては「〇〇を済ませてから〇〇をする」という行為は面倒です。できれば避けて通りたいことです。
　そこで、起立して授業の終わりの挨拶を行い、引いた椅子の後ろに立つように指導します。すると、自然に椅子を入れられるようになります。

それを習慣化させ、全員ができた時には、「どうですか。ちゃんと椅子が入れてあると綺麗でしょう。君たちの心が綺麗だから椅子を綺麗に入れられるんだよ」と認め、褒めることが重要です。
　子どもたちは、椅子がしっかりと入れられている教室の美しさに気づくと、徐々に落ち着きがでてきます。丁寧さが身についてくると、心が穏やかになり、「ゆっくり」と「粘り強く」行動することができるようになるのです。

さらに一工夫

◎合い言葉で意識づけ

　「席離れ　みんな揃って　椅子入れる」などの合い言葉をつくります。子どもが椅子を入れ忘れそうな時には、「席離れ」と先生が発し、それに合わせて「みんな揃って」と子どもたちに唱和させます。忘れた本人は「椅子入れる」と唱えながら椅子を入れます。

2 机の中の整理・整頓をさせる

机の中が整理・整頓されているかどうかをチェックします。外からは見えない机の中の乱れた状態は、子どもの心の鈍感さを表しているといえます。

▶▶ 机の中の荒れは危険信号

　机の中の状態は心の鈍感さと大いに関係があります。
　外から机の中は見えないですが、その実態は不用品がグチャグチャになって押し込まれており、それが邪魔をして「引き出し」が納まらないという状況がよくあります。
　人は不思議なもので環境に順化します。最初は散らかっていると思っていても、いつしかそれが当たり前になります。「変だなあ」とは思わなくなるのです。つまり、心が鈍感になるのです。

▶▶ 引き出しを出したまま下校させる

　そこで、引き出しの整理・整頓を行う時間をつくります。
　まずは整頓です。引き出しを用意し、机の中を二つに仕切ります。左側には筆箱や道具類、右側には教科書・ノートをしまいます。置く場所を決めることが整頓の基本です。右側の教科書類は時間割の順番に置きます。使い終わったら一番下に入れます。
　次に整理です。４時間目が終わったら「プチ・帰りの支度」をします。引き出しを机上に置きます。４時間目までに使った教科書・ノートをランドセルにしまいます。机の奥に物が入っていないかど

うかを隣同士で確認します。合格したら引き出しをしまいます。

　帰りの会ではランドセルを自席に持ってきて、机の中にあるものをしまいます。隣同士で確認し、合格した人は起立して帰りの挨拶を待ちます。

　全員が起立し、帰りの挨拶をした後は、引き出しを机上に置いたまま下校します。先生が後で確認しやすくするために、この時には椅子を出したままにします。

さらに一工夫

◎習慣化したら週末だけ

　ここで紹介している指導法は、整理・整頓が定着するまで毎日行います。最初のうちは机の奥や引き出しの底に手紙やテストが押し込まれていますが、だんだん持ち帰るようになってきます。習慣化してきたら、週末だけにします。

3 教室の床のゴミをゼロにする

教室の床にゴミが落ちているかどうかを見ます。心が鈍感になると、ゴミが床に落ちている状態を「おかしいこと」だと思えなくなってきます。

▶▶ おかしいことが「日常」になってしまう

　床に紙が落ちています。子どもがその紙をまたいで通りすぎます。またぐということはそこに紙が落ちていることに気づいています。
　また、落ちている紙を踏んづける子どももいます。クシャ、という音がします。足元では何か踏んづけたという違和感を覚えているはずですが、それでも、子どもは紙を拾いません。
　ゴミが落ちていることをそのままにしておくと、それが日常化して「あっても見えず」の状態になっていきます。

▶▶ ゴミ拾いは個数を指定すると効果あり

　またぐ、踏むということは、床にゴミが落ちていることに子どもは気づいているということです。問題は「だから拾う」という行動に移すことができないことです。ゴミが落ちていたら無意識に手を出すことを習慣化させるような機会を設定します。
　例えば、「毎日○時間目の授業終了時、挨拶の前にゴミを3個拾う」というようにルール化します。個数を指定することが大事です。それによってやることが明確になります。ゴミが「見えない」子どもでも、「3個」と言われると目に入ります。拾ったゴミは教室を出

る前に捨てます。先生も一緒にゴミを拾います。

　ゴミを拾ったら、先生は「綺麗になったね」と行為の成果を言葉にします。子どもは「ハイ」と答えることによって綺麗さを実感します。

　人間は不思議なもので、綺麗になるとそれを保持しようとします。こういう環境が当たり前になると綺麗な教室を保ちたいという思いが強くなります。

（挨拶の前にゴミを3個拾って—）

さらに一工夫

◎ほうきを持って机間指導

　「勉強を教えながら教室も綺麗になる。まさに一石二鳥だね」とほうきで床を掃きながら机間指導をします。

　先生が率先して教室を綺麗にするのですから、子どもたちが散らかすわけにはいきません。ゴミが「見える」ようになります。

④ 使った物を元の場所に戻させる

掃除ロッカーの点検をします。所定の場所に掃除用具が戻らず、グチャグチャの状態であるならば、そこからクラスの荒れが見えてきます。

▶▶「次に使う人のために」を考えさせる

　掃除用具はみんなが使う物です。所定の場所にそれらが戻されていないと、次に使う人が困ります。しかし、自分さえよければそれで良い、という自己中心的な考えの子どもは、他者への「思いやり」「気づかい」といった意識が育っていません。

　次に使う人のことを考えて、使った物は元の場所に戻すという指導を徹底しなくてはなりません。

▶▶ 担当を「見える化」すると上手くいく

　例えば、掃除ロッカーのほうきをかける場所には「ほうき①〜③」と書いたビニールテープを貼ります。ほうきにはそれぞれ「①」「②」と書いたビニールテープを貼っているので、指定されたフックにかけられます。

　バケツはロッカーの底にビニールテープで「○」を型取ります。すると、「○」からはみ出さないようにバケツを置こうとします。

　ほうき・ちりとりなどの担当を決めます。それを一覧表にして、掲示します。誰が何の担当をしているのかがわかるので、責任感が生じます。また、クラスのみんなが分担を知ることになるので、「バ

ケツの片付けの担当は○○君だよ」と気づきます。

　さらに、記名したビニールテープをそれぞれの掃除用具に貼ります。こうすると、責任の所在がはっきりします。バケツが出しっぱなしになっていると、「誰？」と言いながらバケツに貼られたビニールテープを見ます。「廊下・Ａ君」とあります。「Ａ君、バケツを出したままだよ」と声をかけると、Ａ君は申し訳なさそうにバケツをもらい、所定の場所に片付けます。責任の所在をハッキリさせることで、自分の役割をきちんと果たすことができます。

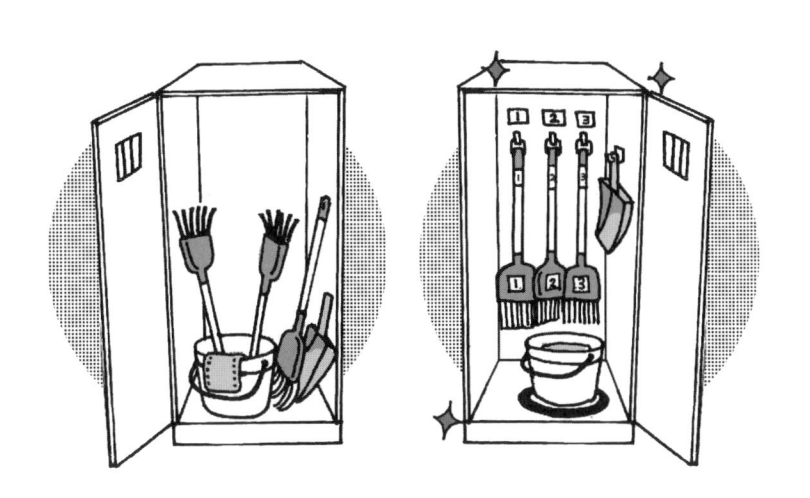

さらに 一工夫

◎整頓された状態を写真で示す

　掃除用具が所定の場所にしまってある掃除ロッカーの写真を撮り、それをロッカーに掲示しておきます。

　こうするといつも綺麗な状態を目にすることになり、乱雑に置かれていると「おかしい」と気づき、所定の位置に戻そうとします。

5 派手な筆箱をシンプル化する

筆箱から子どもの心理状態を見ることができます。友だちと「同じ」でないと不安という心理から、不必要なもので筆箱がどんどん派手になっていきます。

▶▶ どんどん派手になっていく筆箱

　荒れの兆候があるクラスには、あらゆる「無駄」が蔓延します。その典型が筆箱です。ファスナーにはストラップがジャラジャラついています。筆箱はカラフルなペンやキャラクターの消しゴムでパンパンになっています。そしてなぜか、鉛筆は少ないのです。
　子どもたちはそんな筆箱を自慢し、それを見た友だちがうらやましがります。翌日はさらにストラップやペンが増えます。競うようにして派手になっていきます。

▶▶ シンプルな筆箱で学習に集中させる

　この状態を放置していると、クラスはますます荒れていきます。
　そこで、筆箱のシンプル化を図ります。シンプル化の基本は必要かどうかです。
　ファスナーについているストラップは、開けやすくするためにつけているのなら、シンプルなものにします。授業の集中力を欠き、手遊びのもとになるようなデザインは認めません。
　中身も必要な物だけにします。赤・青鉛筆、授業時間数だけの鉛筆、イラストがない消しゴム、イラストがない定規。シャープペン

シルは、鉛筆に替えさせます。鉛筆削りも不要です。前日に鉛筆を削ってくれば、必要ないからです。

　筆箱もシンプルかつ落としても金属音がしないような物にします。シンプルな筆箱とスリム化された中身を見て、子どもはその機能性の良さを再認識するはずです。

　筆箱のシンプル化は心のスリム化につながります。整理・整頓を通して、心の制御が次第にできるようになります。

さらに一工夫

◎ **本数・個数がポイント**

　週に一度、筆箱をチェックします。中身を全部机上に出して筆箱を空にします。「鉛筆5本」「消しゴム1個」と、入れるべき文具と個数を先生が言い、それを筆箱に戻させます。残った物は使わない封筒に入れさせ、自宅に持ち帰らせます。

6 勉強道具の位置を整える

子どもの間違った勉強道具の使い方に対しては、正しい使い方を教えて、その使いやすさを「体感」させることが大切です。

▶▶ 使いにくさを感じない子ども

　授業の始まりの挨拶をした時は、ノート・教科書がちゃんと重ねられています。

　しかし、時間とともに様子が一変します。教科書は左、ノートを右にきちんと置いて机を上手に使っておらず、適当にノートの下に教科書を敷いていたり、ノートと教科書の位置を逆にしたりしている子どもがいます。

　勉強をするのに使いやすいような位置取りを忘れた子どもは、そんな状態を「使いにくい」とは感じていません。

▶▶ 勉強道具の使いやすさを実感させる

　こうした子どもは、自分がやっていることは正しい、おかしくないと勘違いしています。いくら「違うよ」と言っても直そうとしません。むしろ、今までやっていたことを急に変えることに抵抗を示します。

　そのような場合には、先生は子どものそばに行って、ノートの下に敷いてある教科書を取ります。「ほら、こうすると教科書をすぐに開けられるでしょう」とノートの左に置きます。

そして、「教科書を下に敷いていた時は段差があって書きづらかったでしょう。でも、今はノートの下が平らだから書きやすいでしょう」と書きやすさを強調します。

　使いやすい状態を感じさせたあと、もう一度、元の状態にさせてみます。すると、書きづらさを体感できます。身体でわからせると納得度が増します。

　先生のやり方が有効だと納得すると、子どもは自分のやり方を変えようとします。

さらに一工夫

◎正しい置き方を掲示

　正しい机上の使い方をイラスト・写真で掲示します。机の前に筆箱・左に教科書・右にノートを置いたイラストを掲示します。授業中にそれを確認し、同じように置かせます。日々掲示を見ていると、子どもたちは無意識にそれに習おうとします。

7 崩れた姿勢を改めさせる

子どもたちの姿勢も指導していかなくてはなりません。荒れているクラスには、姿勢の悪い子どもが目立ち、だるそうに勉強をしています。

▶▶ 良い姿勢を継続させるためには

　授業に緊張感が欠如していると、それが姿勢に表れます。学習するために集中しようという意識がなくなり、だらけるのです。日直の号令で姿勢を正して授業が始まりますが、すぐに姿勢が崩れてきます。足を投げ出したり、頬杖をついたり、机に突っ伏したりという授業風景になってしまいます。

　「姿勢！」と声がかかると一時は姿勢を正すことができますが、長続きしません。すぐに、背中が曲がります。そうすると頬杖をつきたくなります。のけぞってしまいます。足を前にだらしなく投げ出してしまいます。なかなか良い姿勢を継続できません。

▶▶ 立腰（りつよう）のすすめ

　そこで、背中が背もたれに当たるくらい深く腰をかけさせます。すっと背筋が伸び、良い姿勢になります。この時の姿を「立腰」と言います。立腰に慣れていない子どもはすぐに腰が痛くなり、姿勢を崩そうとします。こんな時は、背もたれに背中を倒します。すると、すっと腰の緊張が取れ、楽になります。本人はリラックスしているのですが、傍からは立腰をしたままに見えます。

立腰をすると本人の意識が高まるだけでなく、友だちに良い影響を与えます。立腰は安定した状態に見えます。安定した姿を見ると安心を呼びます。ほっとします。心が和みます。いい気持ちになります。優しさを引き出します。荒れているクラスにはこれが足りないのです。

　荒れているクラスには型を教えることも解決の方策です。

さらに一工夫

◎椅子の高さを調整

　立腰ができても椅子の高さが合っていないと姿勢が崩れます。椅子の高さを調整する必要があります。足の裏が床についた時、膝が直角になるように高さを調整します。お洒落は足元からと言いますが、立腰も足元が大事です。

COLUMN

心の疲れを軽くする方法…❸
孤独にならない環境を選ぶ

　放課後、教室でクレーム対応の事後報告を書いていました。陽が暮れ、誰もいない冬の教室はストーブの音だけがします。
　楽しい作業ではないので、ため息をつきながら書きます。沈んだ気持ちで書いているので、筆は進みません。
　筆が進まない理由はもう一つあります。記録するほどに保護者の顔が浮かんでくるのです。

　誰もいない静かな教室でまとめていると心がブルーになります。そこで、職員室に場所を変えました。職員室には同僚がいます。私が報告書に追われていることを知っているので、「大変だね」「大丈夫？」と声をかけてくれます。
　そのたびに、ペンを置き、「そうなんですよ」「早く円満に解決したいのですが」とぼやきます。

　教室でまとめているほうが早く書き終わるのでしょうが、職員室だとなぜか楽な気分で取り組めます。
　それは、同僚に心配してもらっている、守られているという安心感があるからです。自分の苦境を他人に知ってもらうと、気持ちが楽になるようです。
　人は共感してもらうと心が軽くなり、悩みが軽減されます。

第4章
荒れにつながる言動はこのように改善していこう!

子どもの気になる言動を改めさせるためには、指導の「工夫」と「根気」が必要になります。一朝一夕とはいかない問題ですので、根気よく繰り返し指導していきましょう!

1 言葉づかいが悪い子どもには

クラスが荒れているということは心が荒れているということです。当然、言葉づかいも悪くなり、クラスに乱暴な言葉が飛び交います。

▶▶ 言葉の乱れを注意する時には

　子どもたちには、みんなと同じでいたいという欲求があります。自分だけが「良い言葉」をつかって浮いた存在になりたくない、と思うのは当然です。「クラスの荒れ」と「言葉づかいの荒れ」の因果関係はここにあります。
　みんなと同じ悪い言葉をつかうことで、仲間意識を持てます。荒れているとはいえ、クラスの一員という仲間意識を持つことができるのです。
　ここで、単に「言葉づかいが悪い」と注意しても、反発されるだけです。それよりも、他の言葉に置き換えさせ、正しいつかい方を教えるほうが、子どもたちとの無用なトラブルを防げます。

▶▶ 辞書で正しい言葉づかいを意識させる

　いきなり言葉づかいを直すことは無理です。まずは「おかしい」と気づかせることから始めます。
　例えば、自分たちがつかっている言葉（悪い言葉）が辞書に載っているかどうかを調べさせます。
　すると、大体は載っていません。そこで、先生は「辞書に載って

いない言葉は正しい日本語ではありません」と子どもたちがつかっている言葉を否定します。

　仮に辞書に載っていても、適切ではない言葉もあります。「ムカツク」がそうです。この言葉も「先生は認めない」と、はっきりと否定していきます。

　また、語源を教えることで改めさせることができます。例えば「ヤバイ」は盗人の隠語だという説があります。その言葉を耳にすると、マイナス・イメージを持つ人がいることを教えます。

さらに一工夫

◎禁句を逆さま掲示

　「ヤバイ・ウザイ」などの禁句を短冊に書いて逆さまにして掲示します。つかわせたくない言葉ですから目に触れさせたくはありませんが、意識はしてほしいからです。逆さま掲示はその苦肉の策です。つかわなくなったら、外します。

② 物を投げて渡す子どもには

大事な物は両手でそっと持ちます。友だちには両手で「ハイ、どうぞ」と声を添えて優しく渡すように指導することが大切です。

▶▶ 人や物を大事にする気持ちを育てる

　プリントを配る際、前を向いたまま後ろの友だちにポイと投げて渡す子どもがいます。こういった子どもは、消しゴムなどの貸し借りでも投げて行います。休み時間も、ボールを投げ合いながら教室を出ていきます。
　クラスが荒れてくると物を大事にしようという意識が欠けるのと同時に、友だちへの尊敬の気持ちがなくなります。そのため、人や物を大事にしようとする気持ちがなくなるので、物を投げるようになります。

▶▶ 「両手」で手渡すように指導する

　こういった子どもには、「物を投げるのは、やめなさい！」と繰り返し注意しても、ほとんど効果がありません。やめさせたいことをやめろと言ってもやめてくれません。
　では、何と言えばいいのでしょう。それは、「両手で手渡しなさい」です。
　プリントを両手で手渡そうとすると、後ろを向いて友だちを確認します。「両手」という行為が丁寧さを導きます。さらに、「手渡し」

と言っているので、机上に置くことなく友だちの掌にそっと置くようになります。

　「ハイ、どうぞ」と両手で手渡された子どもは条件反射的に「ありがとう」とお礼を返します。手渡した子どもが「どういたしまして」と返します。そのうち、「プリントだよ」と一言付け加えて手渡すようになります。無意識のうちに相手を思いやるようになります。

　まずは、徹底して「両手」を意識づけます。それを定着させることが、クラスの安定につながります。

さらに一工夫

◎予告して渡す

　予告してから渡すと、後ろの子どもがプリントをもらう準備ができているのかどうかを確認し、タイミング良く手渡すことができるようになります。間が取れるので、後ろの子どもはプリントを渡されるとわかり、「ありがとう」と謙虚な気持ちになれます。

3 素早く整列できない時には

特別教室に移動する際にも、そのクラスの実態がよく表れます。いつまでも整列できず、お喋りがやまないのは、集団の秩序が欠如しているからです。

▶▶ 今、したいことに夢中な子ども

　集団意識が欠けているクラスでは、次の行動へと移るまでに時間がかかります。それは、まわりが見えなくなり、「今、やりたいことをやりたい」という自己中心的な考えから起こります。

　特別教室に移動する際も、休み時間の気分で友だちとお喋りをしたいと思うと、整列することよりもそれを優先してしまうのです。

　多くの場合、悪気があってそうしているわけではありません。自分の「今、したいこと」に夢中で、「今、すべきこと」に気がつかないのです。だから直す意思が持てないのです。

　しかし、クラスの全員が「気がつかない」わけではありません。「今、すべきこと」がわかっている子どもたちが必ずいます。そんな子どもたちの助けを借ります。

▶▶ 素早く並ぶペア整列のルール

　男女2列で背の順、もしくは、出席番号順に整列するというのが一般的です。隣に並ぶ相手はお互いにわかります。そこで、「友だち力」を借ります。特別教室へ移動する場合には、必ずペアで一緒に並ぶというルールをつくります。

多くの場合、両方とも整列していないということはありません。どちらかはちゃんと並んでいます。隣に並ぶ友だちが整列していない時は呼びに行かせます。「並ぶよ」と友だちから催促されると素直に「ごめん」と並びます。この「ごめん」がクラスの雰囲気を良くし、子どもたちの集団意識を高めていきます。

　この方法は、きちんと整列できる子ども、そうでない子どもの双方に集団意識を持たせることができます。また、「今、すべきことをする」と気づかせることは自律心を高めるための基礎となります。

さらに一工夫

◎ペアができたらしゃがむ

　ペアができたらしゃがむというようにルール化すると、立っている子どもはペアができていないことに気がつき、速やかにペアをつくって並ぼうとします。また、しゃがんだ後も「ちゃんとできたからしゃがめているんだ！」という誇らしさから静かに待っていられます。

④ 元気に外で遊ぶようになるには

子どもたちが遊んでいる様子を見ます。外は気持ちの良い青空ですが、子どもたちは校庭に出ません。天気は晴れても心が曇っていると陽を浴びようとしません。

▶▶ 友だちと一緒に体を動かして遊ぶ効果

　学習効率を高めるために、毎朝「授業前運動」に取り組んでいる学校があります。体を動かすことによって脳と体が目覚め、1時間目の勉強がスムーズに行われるという効果があるそうです。
　外で遊ぶことは子どもにとっては「遊び」なのですが、先生にとっては学習効果を上げる手立てでもあります。
　業間や昼休みなどの長い休み時間に、教室に残っている子どもはお絵描きや読書など一人で過ごしています。
　もちろん、一人でいられるということは自立しているともいえますが、クラスに荒れを感じる時ほど、友だちと一緒にいる時間を多くとってほしいものです。仲間と一緒にいることで得られる安心感・連帯感がクラスの荒れを克服してくれます。

▶▶ 「校庭で先生と話した人?」と問う

　先生は外で遊んでほしいと願っています。それならば先生自身が真っ先に校庭へ出ます。
　子どもの輪の中に入って遊ぶ必要はありません。子どもたちに声をかけるだけでいいのです。校庭という解放的な空間を子どもたち

と共有することで「仲間」意識が生まれます。

　チャイムが鳴り、教室に戻ったら「校庭で先生と話をした人？」と聞きます。「話をした」という押さえが肝心です。話すことでお互いの存在を確認でき、良好なコミュニケーションの一歩となります。

　このやり取りを見ていた勘のいい子どもは、「先生は外で遊んでほしいのだなあ」と察し、次第に外で遊ぶようになってきます。

さらに一工夫

◎休み時間の前に確認

　授業終了の挨拶の号令をかける前に「校庭で何をして遊ぶかを決めた人は起立」と告げます。座っている子どもがいるならば、「誘ってあげてください」と立っている子どもにお願いします。

5 トイレでたむろする子どもには

給食の配膳中、トイレや階段の踊り場で談笑し、なかなか教室に戻ってこない子どもがいます。教室は窮屈な場、トイレなどは気楽な場になっています。

▶▶ トイレが子どもの安心の場になっている

　子どもが落ち着いているかどうかは、配膳中の子どもの居場所でもわかります。

　子どもたちにとっての安心基地は教室であってほしいと担任は願っています。

　しかし、実際は教室ではなくトイレという閉ざされた空間に仲のよい友だちと一緒にこもっている場合があります。トイレなら安心して過ごせると無意識に判断します。

　人は誰かと一緒にいたいという欲求があります。これを親和欲求といいます。クラスが荒れてくると心が不安になり、親和欲求が高くなります。

▶▶ 迎えに行く時の言葉を工夫する

　そこで、同じ班の子どもを迎えに行かせます。「早く来てよ」と催促するのではなく、「みんなが待っているよ」と声をかけます。こうすることで、「仲間」だという所属感を互いに持てるようになります。戻ってきたら班のみんなが「お帰り、待っていたよ」と迎えてくれます。

先生も、「みんなが○○君を待っていたよ。良かったね、待っていてくれる友だちがいて」と仲間がいることの良さを強調します。
　先生がトイレに迎えに行く場合にも、「さっさと教室に戻ってきなさい」と叱りたいでしょうが、グッと堪えて「教室で待っているからね」とその場を去ります。
　「友だちも先生も待っている」と思うと親和欲求を満たし、自分には居場所があると安心します。そして、教室を安心基地だと思えるようになります。

さらに一工夫

◎時間を過ぎたら友だち捜索隊が出動

　「手洗いは12時30分まで」と決めます。それを過ぎたら、班員が友だちを探しに行きます。「探しに来たよ」と友だちに言われると素直に受け入れるものです。

6 一人ぼっちをつくらないためには

仲間意識が強くなると、今の関係が崩れることを嫌います。ぽつんと一人でいる友だちの存在に気づかず、誰も声をかけません。

▶▶ 一人でいる子どもに気がつけないクラス

　仲良しグループはどのクラスにもあります。それぞれのグループが着かず離れずの関係を保ちながら同じ教室で過ごします。
　しかし、クラスが荒れてくるとグループ同士が派閥のようになり、疎遠になります。お互いを敬遠するといってもいいでしょう。
　子どもたちは仲良しグループの維持に執着するので、一人でいる子どもがでてきます。残念ながら、一人でいる友だちの存在には気づきません。

▶▶ ペアを意図的につくらせる

　だからこそ、先生は意図的にグループを変える仕掛けをします。
　先生が指示した仲間づくりですから、誰と仲良くしていても文句は言えません。そうした先生主導の仲間づくりを繰り返し行うことで、多くの友だちと関わることができます。
　例えば、理科で学校の自然を観察する時は、二人一組で活動させます。子どもたちはお互いに自分が観察したい物を主張しながら、歩み寄って決めていかなければなりません。相手の関心ごとを尊重しながら、譲歩するというコミュニケーションの取り方を学びます。

休み時間は「縦の列」で遊ぶように指示をします。列が合体しても構いません。縦の列という縛りがあるので、同じグループでの遊びを尊重するようになります。
　こういった「観察」や「遊び」などは、どこで何をするのかを子どもたちが選択できます。子どもの判断で活動できる時間に、友だちと一緒にいる居心地の良さを感じられます。
　この安心感が満足感につながり、友だちのことを考える余裕を生みます。一人でいる友だちが目に入り、「一緒のチームだよ」と声をかける勇気が生まれます。

（今日の休み時間は縦の列のみんなで遊びましょう）

さらに一工夫

◎サイコロでペアを決める

　二人一組をつくる際、サイコロを使います。赤と黒の二つの20面サイコロを振ります。赤は10、黒は15が出たら、出席番号の女子は10番、男子は15番がペアになります。サイコロの偶然性を強調すると、文句がでなくなります。

7 給食を残す子どもが多い時には

給食の指導は配慮を要します。バランスよく食するために、食べられるだけの量に調整することで、自己責任の意識を芽生えさせることができます。

▶▶ 給食を残してはいけない？

　荒れの兆候が見られるクラスは、給食の残菜が多くなる傾向があります。嫌いな物は躊躇なく残します。残すというよりも「捨てる」という表現のほうが的を射ています。もったいない、食べ物を大事にしよう、という気持ちはありません。これを許していると子どもの「わがまま」は増長していきます。

　しかし、「給食は残さない」と強制することには反対です。子どもによって、食べられる食材とそうでない食材があります。蕎麦アレルギーは生死に関わります。お腹の調子が悪いので乳製品の摂取を一時的に制限することもあります。また、子どもによって食べる量もそれぞれ違います。

▶▶ 分量調節（自己判断）で芽生える自己責任

　ここで、指導すべきは食わず嫌い、好き嫌い、食べ切れない（量の問題）といった問題を持つ子どもです。

　給食当番が個々に応じた量を配膳するのは無理です。まずは、給食のサンプル見本と同じ量を配膳します。食べきれない子どもは、配られたおかずの量を見て、「多すぎる」と思えば、箸をつける前

に減らします。その際、全部減らすことはしません。苦手なものでも少しは食べさせます。食べることで嫌いなものが好きになることもあります。食べてみなければ、好きにはなれません。

　自己判断で調整した給食は完食する義務が生じます。残したら自己責任となります。

　荒れているクラスは自己責任の意識が希薄です。給食を通して、自己判断、自己責任という矜持を持たせることができます。

自分で食べられる量に調整しなさい！

さらに一工夫

◎残り5分は食事集中タイム

　食べ終わらない理由の一つが語らいです。話に夢中になって、食べることがおろそかになっています。

　そこで、班にしている座席を残り5分は授業の形態に戻します。環境を変えることで食事に専念しなければと思うようになります。

8 掃除をサボる子どもには

掃除は、子どもにとって苦痛を伴う「やりたくない仕事」です。それをせずに、遊んでしまうというのは、自制心が欠けている証拠です。

▶▶ 掃除から見えてくる責任感のなさ

　掃除の時間だから掃除をするということはわかっています。わかっているのですが、やらないのです。

　掃除を真面目にやるには我慢が必要ですが、それが足りないので遊んでしまいます。クラスが荒れてくると我慢に耐える作業が苦手になり、すぐに飽きてしまいます。

　また、荒れているクラスでは、がんばることを良しとしなくなります。真面目にやっている子どもが浮いてしまうのです。真面目にやらない雰囲気に包まれているとそれに合わせようとします。

　掃除を見るとクラスの状態がわかります。

▶▶ 掃除の手順と分担を細かく決める

　そこで、掃除の分担と手順を学級活動の時間に決めます。

　例えば、ほうきは二人。A君が先、B君がその後を掃きます。雑巾がけも二人が同じ場所を拭きます。拭く範囲を板2つ分（マス目）と決め、印をつけておきます。

　掃除の手順も決めます。ほうきで掃き終わった後に雑巾がけをします。誰がどの列の机を運ぶのかを決めます。事前に決めたことは

その通りに進めなくてはならないと思うので、遊んでいる子どもがいると「ちゃんとやって」と注意します。

やることを細かく提示され、それを全うしなければ掃除が終わらないと思えば真面目にやろうとします。分担と手順を決めるということは、責任を背負うことになります。

子どもたちは、与えられた自分の仕事をすることを通して、積極性と責任感を養えます。

さらに一工夫

◎準備をして昼休み

　掃除場所に雑巾やほうきを準備してから昼休みにします。こうすれば、掃除をすぐに始められます。

　また、目の前に掃除用具があるので、掃除をしようという気持ちになります。

COLUMN

心の疲れを軽くする方法…❹
あえてマイナス思考になる

　「やまない雨はない」「雨があがると晴れになる」「夜はやがて明けて朝がくる」。
　悩んでいるとそんな励ましをしてくれる人がいます。確かにその通りです。必ず雨は、あがります。夜も必ず明けます。
　その言葉を信じて、クラスの荒れに立ち向かうのですが、なかなか改善されません。ますます落ち込むばかりです。
　憂鬱な気分の時には、むしろそれをしっかりと受け入れるほうが楽になります。ダメさを感じれば、「やっぱりダメか」と割り切れます。

　「明日は晴れる」と信じたのに、やっぱり「雨」だったら落胆します。雨のことを想定しなかったので、雨具の準備が間に合わず、濡れながらの出勤になることもあります。
　しかし、今日も明日も雨と思っていれば、レインコート・長靴・傘を玄関に用意して出勤できます。

　クラスの荒れは激変するものではありません。
　先生は「何も変わらない」と手ごたえを感じないでしょうが、必ずわずかながら改善されています。ゴールはまだまだ先です。そんな地道な対応がやがて花開き、クラスの荒れは突然解消されるでしょう。

　それでも、苦しくてしかたがない時には、「今は、梅雨真っ最中だ」と、あえてマイナス思考から出発すれば気持ちは少し軽くなります。

第5章

授業中の「困った」はこのように改善していこう！

先生にとって、子どもと関わる時間が一番長いのが授業です。この時間を、改善・回復のチャンスととらえます。チャンスを存分に活かす指導を模索していきましょう！

1 授業に遅れてくる子どもには

チャイムが鳴っても席に着かず、しばらくしてから教室に入ってくる子どもがいます。クラスが荒れてくるとこんな光景が当たり前になってきます。

▶▶ 授業に遅れても平気な子ども

　チャイムが鳴ったけれど、みんなが揃わないので先生は授業を始められません。しばらくすると数人の子どもたちが悪びれずに教室に入ってきます。授業が始まっていることを承知で、遅れて教室に入ってくるのです。
　注意をしても反抗的な態度を取り、なかなか改善されません。そればかりか、先生の指導力のなさに失望し、ちゃんと席に着いていた子どもたちの心も先生から離れていきます。

▶▶ 授業の導入を楽しい仕掛けにする

　そこで、授業の始まりに「楽しい仕掛け」をつくります。
　例えば、社会科の「地図当て」です。班になって一人が地名を出題します。誰が一番早く見つけられるかを競います。これなら全員が揃っていなくても始めることができます。
　子どもにとって「地図当て」は「遊び」です。教室からは楽しそうな声が聞こえてきます。遅れて教室に入ってくるとそれに参加できないので、急いでチャイム着席をしようとします。
　ちゃんと着席した子どもたちも、遅れてきた友だちのことが気に

ならず、先生も「お説教」をしなくてすみます。

　こういった楽しい仕掛けを施すと、それをやりたくてチャイム着席をしようとします。

　子どもは自分が変容していることに気づきません。良いことも悪いことも「当たり前」にやっているのです。先生はチャイム着席ができていることを知らせ、褒めます。すると、自分の良さに気づき、先生に褒められる快さを味わえます。徐々に「良い習慣」を思い出し、遅れることが恥ずかしくなります。

さらに一工夫

◎読書タイムで静かな雰囲気をつくる

　楽しいだけでなく、静かな授業の始まりを仕掛けます。国語は7分間読書とします。授業が始まったらすぐに読書をします。教室は静寂に包まれます。遅れてきた子どもはその雰囲気を察して、バツの悪そうな顔をしてそっと席に着きます。

② 発表する子どもが固定化している時には

挙手する子どもが固定化されているクラスには、発表を聞く人、発表をする人という暗黙の住み分けができています。

▶▶ 発表をしたがらない子ども

「僕は発表を聞く人、君は発表をする人」と、授業中に発表する子どもが決まっているクラスがあります。どの時間も同じ子どもが発表します。

その結果、暗黙の住み分けができています。発表をしなくても誰かが授業の活性化を図ってくれるという他力本願、無責任な態度で授業に参加しています。人に頼ろうとします。

クラスが荒れてくると、このような前向きでない子どもが増えます。

▶▶ 褒めずに感謝することがポイント

こういったクラスでは、挙手した子どもの発表が誤答だった時の先生の対応がキーポイントになります。

「発表してくれてありがとう」と褒めても、挙手する子どもが固定化されているクラスでは、先生の真意が伝わりません。

誤答は誤答なので、さり気なく間違っていることを伝えます。

ただし、その子どもが着席する前に発表したことに感謝します。「君のおかげでそういう見方があることがわかったよ」「これで正解

が絞られてきたよ」と笑顔で言葉をかけます。

　褒めるのではありません。感謝の言葉かけです。授業の焦点化が図れたことへの感謝なので、「僕の意見が正解に近づくことに貢献している」と自分の存在感を実感し、知的欲求を高められます。

　子どもは先生に感謝され、授業の活性化に寄与していることがわかると発表したことに意義を見いだします。そんな変容は、まわりの友だちの心にも小さな変化を芽生えさせます。

さらに一工夫

◎「発表した人は起立！」

　発表しない子どもは自分が発表していないことに気づいていません。発表しなくても平気なのです。そこで、授業の途中で発表した子どもを起立させます。こうすると、自分が発表していないことに気づきます。

3 友だちの発言を馬鹿にする子どもには

自分と異なる意見に反応することは良いことですが、揶揄するような棘のある言葉が飛び交うクラスがあります。

▶▶ 友達を揶揄する言葉を見逃さない

「馬鹿じゃない」、「はあ!?」、「変なの〜」…。
　自分と異なる意見に対して揶揄するような言葉を発します。関心を示すから反論し、議論が始まります。しかし、その時につかう言葉としては不適切です。友だちを揶揄し、小馬鹿にした言葉だからです。
　慣れは恐ろしいもので、そんな発言に顔をしかめていた子どもたちもクラスが荒れてくると嫌悪感を示さなくなります。言葉は心の表れです。悪しき言葉を耳にしても当たり前になっていきます。おかしいことをおかしいと思わない「空気」が形成されてしまいます。

▶▶ 発言の型を教える

　では、どうすれば友だちの意見を温かく聞けるのでしょう。それは、型を教えることです。自分と異なる意見に反応する場合には、「賛成・反対」という言葉をつかって論を展開するように指導します。
　例えば、「反対です」と言うと、「なぜならば」が続きます。「反対・なぜならば」は品のある言葉ですから、この後の言葉は丁寧になります。

また、反対する時は代案を考えてから発言するようにさせます。
　「はあ!?」などを発すると「反対なのですね。なぜですか？　代案をどうぞ」と先生が突っ込みます。すると、代案がない場合は黙るようになります。
　型を教えることで授業が成立するようになり、知的雰囲気に包まれたクラスになります。

さらに一工夫

◎それでもまずは褒める
　揶揄するような発言とはいえ、自分の思いを表明したことは認めます。その後、適切な言葉を教えます。そうすると良い関係ができることをさり気なく告げます。認められると人の話を聞く余裕が生まれ、苦言を素直に聞けるようになります。

4 挙手したくても できない子どもには

挙手する勇気がない子どもがいます。その自信のなさは間違ったら笑われるのではという不安からくるものです。この不安を取り除く必要があります。

▶▶ 失敗を恐れる子どもには

　挙手したいけれどできないという子どもは、間違うと恥ずかしいので失敗を避けようとします。そんな不安が「挙手したいけど」という躊躇につながります。
　先生は、「あなたの考えを述べても大丈夫ですよ」というクラスの雰囲気をつくります。子どもは先生の言葉に後押しされて、挙手する勇気がわいてきます。

▶▶ 子どもの意見に太鼓判を押す

　では、どうすれば挙手する勇気を実行に移すことができるのでしょう。それは自分の意見に自信を持たせることです。
　子どもの発言を聞き、考えがまとめられていないと感じた時には、話をじっくりと聞きます。そして、「大切な言葉は○と□だね。この二つを使ってまとめてごらん」とアドバイスをします。
　自分の考えをノートに書いている場合には、大きな花丸をノートに書いたり、指で「OK」サインや親指を立て「good」と合図したりします。それでも不安そうにしていたら、「同じ考えの人が10人いたから反論されても応援してもらえるよ」と味方がたくさんい

ることを知らせます。
　挙手する勇気がなかった子どもが、堂々と意見を述べる姿を見せることで、友だちからの評価が変わります。本人が変容するだけでなく、躊躇している子どもも、自分もあのようになれるかもしれないと期待します。前向きな気持ちになっていくのです。
　これがクラスの活性化へとつながります。

さらに一工夫

◎指名を予告する

　机間指導をしながら「○○君の次に指名するからね」と伝えます。子どもは一瞬驚きますが、「△△君が君と同じ意見だから安心して」とささやくと、うなずきます。子どもは味方がいるとわかったことで安心し、自分の意見に自信を持てるようになるのです。

5 わかっていても発表しない子どもには

授業中、わかっているのに挙手しない子どもがいます。間違っていたら恥ずかしいというのではなく、発表することが面倒だという気持ちがそうさせます。

▶▶ 真面目さを否定するクラス

　クラスが荒れてくると退廃的な雰囲気になります。その典型が授業です。真面目にやることがばかばかしい、考えることが面倒くさいなど、しらけた雰囲気が教室を覆います。
　誰も挙手をしなくなり、「わかりません」「考え中です」と言うだけで、真摯に授業へ向き合おうとしません。
　この状態を放置しているとクラスの再生は遠くなります。先生は、わかっているのに挙手しないという空気を変えていく必要があります。

▶▶ 「わからない人?」と問う

　例えば、発問の後に「わからない人は挙手しなさい」と付け加えます。この場合、挙手しない子どもはわかっているということになります。
　日頃、手を挙げるのが面倒だという態度の子どもは、わかっていようがいまいが挙手はしません。
　そこで、すかさず挙手していない子どもを指名します。すると、子どもはしぶしぶ答えます。その時に、先生は「最初からそうすれ

ばよかったのです」と小言を投げかけるのではなく、「あなたの意見を聞けて良かったよ」と発表したことを褒めます。

　もし発言できないようであれば、「挙手していなかったから指名したのですよ」と毅然たる態度で臨みます。子どもには、反論の余地はありません。

　反抗的な態度を示す子どもには、逃げ道をつくらないことも時には大切です。隙を見せない毅然たる先生の態度が、教室に適度な緊張感と真剣さを生みだします。

さらに一工夫

◎わからない人は起立

　わかっているのに発表しない子どもは起立して発表したり、板書したりすることを億劫がります。

　そこで、わからない人を起立させます。座っている子どもはわかるわけですから、指名しても文句は言えません。

第5章　授業中の「困った」はこのように改善していこう！　　93

6 活気ある話し合いができない時には

授業中のお喋りは遠慮なくするのですが、発言を求めると借りてきた猫のようにおとなしくなります。荒れているクラスの子どもたちは話し合いが苦手です。

▶▶ 話し合いが成立しない理由とは

　荒れているクラスでは一人で行動できない子どもが増えます。誰かと一緒でないと行動できず、一人では不安になり、自信を持てないのです。

　授業中もそうです。一人で考え、一人で発表するということができません。「失敗すると笑われる」「間違えると恥ずかしい」「発表するのは知ったかぶりをしていると思われるのでは？」という猜疑心が友だちの目を意識させます。

　そのため、クラスが荒れてくると話し合いが成立しなくなります。それは、自分の考えに自信を持てないというのが一番の理由です。

▶▶ 友だちと一緒に考えさせる指導を

　そこで、隣同士で話し合う時間を設けます。一人では自信がない子どもたちですが、二人なら安心です。結論がでたら、両者とも起立します。起立するペアが一組、二組と増えます。

　すると、まだ立てない二人組が焦ります。荒れているクラスは「みんなと同じ」ことをしたがる傾向があるので、自分たちだけが座っていると居心地が悪くなります。まだ起立できない二人組は立って

いる友だちに相談します。みんなと同じように起立しようと友だちを頼ろうとするのです。

　頼られた子どもたちは快く応じます。座っている二人組は同じ意見の時には「そうだよね」と意を強くします。異なる場合には、「どうして？」と質問すると、討論が始まります。話し合いが自然発生します。そのうち、全員が起立します。

さらに一工夫

◎**結論が出たら教室の後ろへ**

　結論が出た二人組は教室の後ろへ移動させます。そこで他の二人組と意見交換をさせ、同じ意見を持つ組同士で集まるように指示します。

　ずっと座って話し合いをしていると退屈ですが、動きのある授業を仕掛けると子どもたちは飽きずに授業を受けられます。

7 ノートに落書きをする子どもには

ノートへの落書きは、子どもの集中力のなさの表れです。授業を真剣に受けなければならない、という雰囲気がクラスにできていない証です。

▶▶ 落書きしてしまう雰囲気がクラスを支配

　クラスが荒れてくると、授業を真剣に受けようという雰囲気がなくなり、「ノートに落書きをしていてはいけない」という自制心がはたらかなくなります。

　授業に身が入らなくなると、暇をもてあますようになり、無意識にノートへ落書きをしてしまうのです。罪悪感はありません。先生は、この無意識なノートへの落書きを意識化させる必要があります。

▶▶ ノートを提出させる

　授業が終わったらノートを提出させます。あくまで授業内容の理解度を確認することが目的ですが、丁寧なノートになっているかどうかも見ます。

　ノートを提出することで「見られている」「ちゃんと書こう」という意識が芽生えます。

　落書きがあれば赤鉛筆で囲み、「NG」「?」と書き添えます。返却されたノートを見た子どもはびっくりします。落書きを指摘されたことで、反省します。

　授業態度にも変化が生じます。ノートに落書きをしなくなるので、

ちゃんと授業に集中するようになります。

　先生の話を聞くようになると、授業がわかるようになります。わかるとおもしろくなり、先生の話をもっと聞こうとします。

　落書きをやめ、授業に集中する様子を友だちは見ています。それが波及効果となり、いつしか落ち着きのあるクラスへと変化します。

さらに一工夫

◎**参考になるようなノートを印刷**

　授業や思考の流れが一目でわかるようなノートを印刷して配布します。「上手なノート」の見本として掲示します。なぜそのノートが良いのかを説明した後に、「落書きがない」ことも付け加えます。

　他の子どもたちも上手かつ綺麗なノートづくりに励むようになります。

8 繰り返し練習ができない子どもには

「継続は力なり」という経験を通して、「がんばればできるんだ」と自信を持てるようになります。何に対しても根気強く取り組む姿勢づくりが大切です。

▶▶ ドリル的な課題はすぐに飽きてしまう

　同じ漢字を何回も書く。計算問題を繰り返し解く。とても根気のいる作業です。集中力の持続ができない子どもが多いクラスでは、ドリル的な課題ができなくなります。

　最初は静かに練習するのですが、しばらくするとお喋りが始まります。飽きてしまい、辺りをキョロキョロと見回します。落ち着きのなさはクラスが荒れる原因でもあります。

▶▶ 小刻みな課題で意欲の継続を図る

　子どもたちに根気強さを身につけさせるためには、繰り返しの学習に嫌気を起こさせない指導の工夫が必要です。

　それには、「小刻みな練習を課す」という指導法が効果的です。この方法ならば「やらされている感」がなくなり、繰り返しているというマイナス思考がなくなります。

　例えば、新出漢字5文字の練習をするとします。1文字につき10回ずつ練習します。飽きっぽい子どもにとって、5文字を10回ずつ、50回の練習は苦痛です。

　そこで、1文字を10回書いたら先生に見せるようすると、1度

の負担が10文字に減り、楽になったような気がします。

　席を離れて先生に見せるので椅子の上でじっとしていることから解放され、気分転換にもなります。課題の負担を軽くすることで意欲が増し、集中力が維持できるので、お喋りが減ります。

　こうなると成績アップも大いに期待できます。学習の成果を実感し、がんばればできるという前向きな気分になると、繰り返しの学習を苦にしなくなります。

さらに一工夫

◎時間を制限する

　練習する時間を制限します。タイマーをセットして開始します。時間制限をすると早く仕上げようと雑になりがちなので、少し長めにセットします。残り時間を告げると、時間が余っていることに安心し、丁寧に仕上げる余裕が生まれます。

9 丁寧さに欠ける子どもには

算数のノートを見た際に、定規を使うかどうかで丁寧さの有無がわかります。定規を使って計算をしている子どもは何事にも丁寧に取り組む力があります。

▶▶ 定規は慎重さを引き出す

　算数のテストには計算問題があります。ある子どもの答案は、「＋、－、×、÷、＝」が綺麗に書いてあります。まるで、定規を使ったようです。というよりも定規を使って書いたのです。

　こういう子どもはケアレスミスがかなり少なくなります。定規を使うと計算の途中で定規を使うので時間がかかってしまうのですが、この「間」が慎重さにつながります。

　ケアレスミスをする子どもほど、計算に慎重さが足りません。そういった子どもに定規を使わせることで、はやる心にブレーキをかけることができます。その結果、確実に計算をするようになるので、間違いが少なくなります。

　何よりも見た目が綺麗です。誰でも美しいものを見れば、素直に美しいと思います。

▶▶ 定規は2本用意する

　どうして子どもが定規を使わないのか？　それは筆箱を開けてわざわざ取り出すことが面倒だからです。それならば、最初から出しておけば取り出す面倒さを感じなくてすみます。

そこで、定規はすぐに使えるように机の上に2本用意させます。1本は計算用に短い定規です。筆箱に入るくらいの長さのものです。もう1本は長い定規です。これは表づくりなど長い線を引く時に使う定規です。私のクラスの多くの子どもたちは、「30cmものさし」を使っています。
　これを、授業が始まったらノートや教科書に挟んでしおり替わりに使用しても良いでしょう。しおり替わりにすることで、使う時はすぐ手に取れます。

さらに一工夫

◎シンプルな定規
　キャラクターの定規はそれが気になり学習がおろそかになります。定規は集中するためのアイテムですが、興味の世界に引きずり込んだり、友だちの定規をほしがったりするので、数字だけが記してあるシンプルな定規を持ってこさせます。

10 雑な文字を書く子どもには

「書は心の鏡なり」と言います。文字を見ると子どもの心がわかります。心が不安定だと雑な文字を書いても平気です。

▶▶ 雑な文字だと子どもは自覚していない

　子どものノートを見ると「ア」なのか「マ」なのかがわからないほど雑な文字が書かれていることがあります。
　クラスの荒れの中心になっている子どもたちほど文字が雑です。丁寧さがないのです。
　本人は「雑」だという自覚がないのです。上手だとは思っていないでしょうが、「普通」だと思っています。
　「綺麗な文字を書きなさい」などと、できないことをできるようにしなさいというのは酷な話です。本人はどうしたら綺麗な文字を書けるのかがわかっていないからです。

▶▶ 止まることが丁寧さにつながる

　ゆっくり書けば文字が綺麗になるかというとそうではありません。自転車をゆっくりこぐほどにふらつきます。文字もそうです。
　丁寧に文字を書くコツは「止まる」ことです。始筆と終筆で「軽く」止まります。「折れ」も止まります。「軽く」が大事です。強く止まると、力みの元になります。また、「つ」などの「曲がり」始めは「徐行」します。

このようなポイントを押さえながら書くためには、時間がかかります。先生は、その時間を保障しなければなりません。
　子どもが丁寧に文字を書けたならば、「綺麗な文字だね。美しいね」とノートを見るたびに言い続けます。人は認められると、そうあり続けようとします。
　丁寧な文字は美しいです。美しいものを美しいと感じると、先生の言葉を素直に受け入れる心のゆとりが生じます。文字が綺麗になると素直さが増します。

さらに一工夫

◎自分のノートを読ませる

　ノートに書いてあることを読ませます。雑に書いているので、自分が書いた文字なのに読めません。こうすることで自分の文字が「読めない」ことに気づきます。読めない文字は消しゴムで消して、書き直しです。気づきが変容の一歩です。

COLUMN

心の疲れを軽くする方法…❺
悩んだら悩み尽くす

　退勤後、クラスの荒れのことを忘れよう、嫌な思いを払拭しようと努めても、頭から消えるのはほんの一瞬です。
　すぐにクラスの荒れが頭をかすめてしまいます。
　いつまでもクラスの荒れが頭から離れないことに気が滅入ります。忘れようとしても忘れることができず、気持ちの切り替えができないことに嫌気がさします。

　こんな時は思い切って逆治療法を取りましょう。
　頭によぎるのならトコトン思い出します。
　例えば、「クラスの荒れから復活」と題して思い出したことをノートに記録します。
　書いていると、荒れに関わっている子どもたちに怒りを覚えるのですが、いつの間にか気持ちがすっきりし、落ち着きを取り戻します。

　人は満腹になると食欲がなくなります。クラスの荒れの悩みもそうです。十分に悩み尽くすと悩みにとらわれなくなり、他のことを考えられる余裕も生まれます。
　心が落ち着きを取り戻すと、「でも、この現実にどう対処したらいいのだろう」と前向きに考えようという気持ちにもなってきます。

第6章

理解と協力を得られる保護者対応をしよう!

クラスに問題が多い時こそ、保護者への対応も難しくなっていきます。保護者とのコミュニケーションを大切にし、信頼関係を築いていきましょう!

1 保護者の心をほぐす電話連絡

学校からの電話連絡を、保護者は不安な気持ちで取ります。「ハイ、○○です」という第一声からそれが伝わってきます。

▶▶ 先生からの電話はうんざり

トラブルが発生すると、子どもの問題行動を保護者へ連絡しなければなりません。保護者は、最初こそ低姿勢で対応しますが、そのうち「学校での出来事は先生が面倒をみてください！」と、電話をガチャンと切ってしまいます。

家庭でも指導してほしい、一緒に子どもを良くしていきたいという先生の思いは保護者にはなかなか通じません。それどころか、保護者は先生に「文句を言われた」と反感を持ち、先生不信になります。

▶▶ 子どもが変容したことを伝える

逆転の発想をします。学校からの電話を楽しみにしてもらえるように、子どもが成長したことを伝えるように心がけるのです。

例えば、「ちゃんと謝ったのですよ。成長しましたね」とトラブルを通して子どもが成長したことを知らせ、子どもの変容を強調します。

その際、先生がどんな指導をしたのかを話します。先生の対応が子育てに役立つからです。

また、「子どもだからつい手が出るんですよね」というように、

子どもの気持ちに理解を示すと、「それはダメです。どんなことがあっても暴力はダメです」と、保護者のほうから我が子へ厳しい意見を言うようになります。先生が子どもを擁護するほど、保護者は我が子へ厳しい指導を望むようになります。

　子どもの良さを伝え続けることで、保護者は先生に親近感と信頼感を持ちます。子どもからクラスの荒れを聞いても、「あの先生なら大丈夫」と先生を批判せず、前向きな言葉で子どもの背中を押してくれます。保護者が先生を応援してくれるようになります。

さらに一工夫

◎「良いことがありましたよ」を枕詞にする

　保護者は、学校からの電話に身構え、受話器を取ります。先生は開口一番、「良いことがあったんですよ」を枕詞にすると、保護者は安堵し、胸襟を開いて話をしてくれるようになります。「子どもの良さを教えてくださり、ありがとうございます」と受話器を置きます。

第6章　理解と協力を得られる保護者対応をしよう！

② 子どもの短所を指摘する時には

保護者とのトラブルを避けるために、子どもの良さだけを面談で話す先生がいます。しかし、褒め過ぎると逆に不信を招くこともあります。

▶▶ 長所だけを指摘すると墓穴を掘る

クラスが荒れていることは保護者も知っています。保護者はその原因は子どもにもあるでしょうが、先生の指導力不足も一因だと思っています。

保護者との信頼関係が揺れていることを先生が感じている場合、子どもの短所を指摘すると、自分の指導力が疑われそうです。

先生は子どもの長所を話題にすれば、場は和み、無難に面談を終わらせられるだろうと弱腰になります。

臭いものに蓋をして、良いことだけ伝えることで保護者との軋轢を避けようとしている先生はかえって誤解されます。

▶▶ サンドイッチ話法

最初に長所を話します。我が子を褒めてもらって嫌な気分になる保護者はいません。しかし、クラスが荒れている場合、我が子がその中心になっているのではないかと不安な思いを抱いています。

そこで、長所の後に軽い短所か要望のどちらかを一つだけ話題にします。

例えば、「優しすぎて友だちの誘いを断れない場面がありますよ

ね」と穏やかに話します。

　保護者としては、長所を聞いて担任を信頼しているだけに短所でも真摯に受け止めてくれます。硬軟折りまぜることにより、先生への信頼が増します。

　そして、最後にもう一度別の長所を告げ、良い気分で帰路についてもらいます。保護者は、ちゃんと短所も告げてくれる先生の毅然とした態度に誠実さを感じます。

長所 → 短所・要望 → 長所

さらに一工夫

◎子どもからのメッセージ

　面談の前に子どもからアンケートを取ります。親の「好きなところ」「感謝しているところ」「直してほしいところ」の3点です。

　保護者は我が子から見た自分を知ることになり、ちょっとした「お土産」をもらった気分になります。

3 学校でのできごとを連絡帳に書く

保護者は我が子の学校での様子を知りたがっています。それがわずかでもわかると親は安心します。この安心が先生への信頼につながります。

▶▶ 荒れたクラスについて話す気にはならない

　クラスが荒れてくると良さよりも悪さのほうが目立つようになります。そのため、子どもたちはいつも叱られているような気になります。
　そんなクラスの様子を帰宅後に嬉々として保護者に話そうとはしません。学校での様子を話したくても、どんなことがあったのかを思い出せないのです。

▶▶ 連絡帳の3行日記が親子の会話を促進

　それならば、記録しておけばいいのです。
　連絡帳を活用します。連絡事項の確認だけに連絡帳を使うのはもったいないことです。学校での出来事が連絡帳に書いてあれば、それをきっかけに親子の会話が弾みます。
　帰りの会で「3行日記」を書かせます。
　　①今日の失敗・困ったこと
　　②今日の成功・良いこと
　　③明日の抱負
事例を入れ、具体的に書かせます。慣れてくるとネタを見つけた

らすぐに書くようになります。我が子が帰宅すると、保護者は「連絡帳を見せて」と３行日記を楽しみにしています。「成功」を読むと嬉しくなります。「抱負」を目にすると、励ましたくなります。３行日記が親子の会話に貢献します。

　また、嬉しくなった保護者は３行日記の感想を連絡帳に書きます。翌日、先生はそれに目を通し、返事を書きます。

　連絡帳は３行日記を通して先生と保護者の文通のようになります。

＊子どもの３行日記の例＊

①リレーでバトンを落としたので、タイムが昨日よりも遅くなった。
②諦めずに最後までリレーを完走した。
③リレーの走る順番を工夫して、ベストタイムを出す。

さらに一工夫

◎ヒントタイムを設ける

　筆が進まない子どもがいます。そんな時は、「ヒントタイム」を設けます。友だちから情報を得る時間です。「ヘルプ」と叫ぶと友だちが書くネタを教えてくれます。

4 連絡帳の事務的な返事をやめる

連絡帳の保護者に対する返事を押印や、一言だけですませている先生がいます。味気ない連絡帳は、保護者と先生との距離を遠くします。

▶▶ 連絡帳だけでは味気ない

　連絡帳で学校の様子を知らせます。例えば「運動会のリレーの選手になりました」と書きます。子どもの良さを伝えているので、保護者は嬉しいでしょうが、味気ない感じがします。
　連絡帳を使い終わって、先生のコメントを大事に取っておいてくれたならば、教師冥利につきるというものです。おおげさですが、神棚に祭ってもらえるほどにありがたい連絡帳になるのが理想です。

▶▶ 一筆箋で子どもの良さを伝える

　そこで、お勧めの方法が一筆箋の活用です。
　子どもの良さを一筆箋に書いて知らせます。連絡帳とは違った温かさがあります。一筆箋は心を和ませ、我が子の良さを記した文面に保護者の心は満たされます。
　机の引き出しに一筆箋を入れておくと、「知らせたい」と思った時にすぐに書けます。
　一筆箋は４種類用意します。四季に合わせて使い分けます。季節感のある一筆箋は文面に花を添えます。
　私が使っている一筆箋は６行書きです。１行目に宛名。５行目に

日付、6行目は担任名です。子どもの良さを2～4行目に書きます。3行しか書けないので、子どもの良さと先生の感想・期待を簡潔に記します。

　それを連絡帳にクリップで留めます。子どもは一筆箋の存在を知らせると、嬉々として下校します。保護者と幸せを共有することで良い関係を築くことができます。

　さりげない気づかいをする先生なら、安心して子どもを任せられると信頼するようにもなります。

> 不揃いだったスプーンを揃えてくれました。自分から進んで揃えて直す気遣いに好感が持てます。

さらに一工夫

◎太字の万年筆を用意

　筆記道具も選びます。万年筆の太字か筆ペンで書くと上品に見えます。万年筆のインクの濃淡や手書きの良さ、筆ペンの流れるような筆づかいやかすれに和みを感じます。簡単なイラストがあるとさらに親しみを覚えます。

5 保護者と話す機会を多く持つ

保護者は先生と話をする機会が増えるほど、親しみを感じてくれます。一緒に子どもを良くしようという気持ちが生まれ、文句を言いにくくなります。

▶▶ つい保護者を避けてしまう

　先生は、クラスが荒れてくると「保護者は協力的でない」「指導を理解してもらえない」と身構えてしまいます。クラスの話題に触れたくないので、保護者を避けたくなります。

　来校した保護者と廊下ですれ違っても、会釈だけで通り過ぎてしまいます。

▶▶ 先生から積極的に保護者の所へ出向く

　人は声をかけられたら嬉しいものです。親近感を覚え、今度は自分から声をかけたくなります。してもらったら、してあげたくなります。

　まず、先生から保護者に声をかけます。月に何度かPTAの会合があります。職員室の黒板には何の部会が何時から開催されるのかが書いてあります。それを確認してPTA会議室を訪れます。

　ガラガラとドアを開け、「こんにちは○○さん、今日は役員の仕事、ありがとうございます」と声をかけます。まさか、先生のほうから足を運んでくれると思っていないので、保護者は恐縮します。恐縮は尊敬の始まりです。

用事がすんだ保護者が帰宅する時は、担任は玄関まで送ります。保護者は遠慮しますが、「まあそう言わずに……」と一緒に歩きながら、「頑張っていますよ」と子どもの良さを話題にします。
　このようなコミュニケーションを通じて、保護者は先生のことを信頼するようになります。
　もし、子どもが先生の不満を漏らしても「あの先生に限ってそんなことはない」と先生を擁護してくれるようになります。

さらに一工夫

◎教室にも顔を出してください

　「会議がすんだら教室にも来て、お子さんの顔を見てやってください」と声をかけます。「よかったら授業も見てください」と社交辞令ではないことを示します。さらに、「待っていますよ」と念を押すと、本心で言っているということが伝わり、好感を持ってもらえます。

6 学級通信でクラスの様子を知らせる

学級通信で先生の思いを綴ると、保護者に真意が伝わります。先生が子どもを叱ったことに理解を示してくれ、その結果、誤解が生じなくなります。

▶▶ 子どもからの情報だけでは誤解を生じる

褒める時には保護者とのトラブルは起こりません。叱った時にはそれが生じます。

子どもには叱った理由を説明するのですが、叱られた、怒られたということだけが頭に残るものです。帰宅後に、子どもがそんな愚痴をこぼすと、荒れているクラスの保護者は子どもの言葉を鵜呑みにしがちです。子どもからだけの情報では偏りや不足があります。

▶▶ 保護者との架け橋となる学級通信

そこで、学級通信を通じて先生のものの考え方を伝えるようにします。それによって、「先生はしっかりとやってくれている」と認め、応援してくれる保護者がでてきます。

まずは週刊で学級通信を発行します。それを自分に課すと、子どもの様子を詳しく見ようとします。気づいたことをメモするようになり、学級通信のネタが増えるので発行回数が増えます。

学級通信には担任のポリシーを書きます。どんな見解を持っているのか、その関わり・指導にはどのような効果があるのか、どんな子どもに育ってほしいのかなどを書くと、担任のものの考え方を理

解してもらえます。

　例えば、遠足のおやつについて、
・自分が食べられる量だけ買う。→自己判断・自己決定
・残したらお土産として持ち帰る。→思いやり・倹約
・「ちょうだい」とせがまない。→友だちとの良好な関係づくり
　というように、意図があって指示していることを書き、担任の教育観を伝えます。次第に先生を支持してくれる保護者が増えてきます。

（イラスト：なるほど　先生はこういう考えで指導してくれているのね／学級通信を読む保護者）

さらに一工夫

◎**子育ての一助となる学級通信**
　子どもとの関わりを書いたら、根拠は何か、なぜそんなことをしたのか、その成果は何かなどを添えます。「子どもが言うことをきかない」など、子育てに悩んでいる保護者にとって学級通信が育児書のような存在となります。

7 明日の予定がわかるようにする

連絡帳に明日の予定や持ち物を書いていますが、保護者に見せない子どもがいます。保護者にも予定が伝わるような工夫が必要です。

▶▶ 子どもの連絡帳はあてにならない

　明日使う物を板書し、連絡帳に書くように指示をしても、子どもがそれを書かずに帰宅することがあります。おかげで保護者は準備ができず、その子どもは授業に支障をきたします。

　また、連絡帳に書いたのですが、明日のことを今日連絡したのでは、保護者は準備ができずに困ってしまうケースもよくあります。この場合、保護者は「一週間前に知らせてくれれば週末を挟んで準備できたのに！」と憤慨します。

▶▶ 週予定を一人2枚配布

　先生は翌週の学習予定を週案に書いていると思いますが、それを活用します。週案に「習字セット・新聞紙」などの持ち物を書き加えた「週予定」を作成し、一人2枚ずつ配布します。1枚は子ども用、もう1枚は保護者用です。

　子ども用は連絡帳に貼ります。各自に任せると貼らないので、配布したその時に貼らせます。

　保護者用は保護者がいちばん目にする場所に貼ってもらいます（冷蔵庫に貼っている保護者がほとんどです）。

このようにすると、保護者にも、授業の進度や行事の内容、準備する物がわかります。

　週予定は木曜日に配布します。次週の持ち物について、週末を利用して準備してもらえるからです。

　先生も週予定をつくることによって、教材研究の時間が明確になり、授業の見通しがつきます。

　週予定のように「○○があると学校のことがわかる」というような手だてを保護者は歓迎します。

さらに一工夫

◎給食当番の担当名も載せる

　週予定にメモ欄をつくります。そこに給食当番の名前を載せます。マスクの準備も確実にできます。

　急に揃えられない物は事前にそこに書いて知らせます。知らなかった、聞いていなかったということがなくなります。

8 欠席した日の連絡には配慮が必要

保護者は子どもが欠席すると、勉強が遅れるなど学校のことが気になります。そういった不安を取り除くことへの配慮も必要です。

▶▶ 欠席時の連絡帳には細かな情報を

　欠席した日の放課後、自宅に届けられた連絡帳には「お大事に」という返事があります。他には何も書いてありません。
　これでは、大事な手紙はなかったのか。宿題はどうすればいいのだろうか等々、色々なことが気になります。
　保護者は同じクラスの子ども宅に電話をして、明日のことを確認します。電話を切ると、先生が細かく連絡してくれなかったと不満を持ちます。先生への不信が増し、「だからクラスが荒れる」と厳しい評価となります。

▶▶ 放課後にお見舞いの電話を入れる

　どんなに忙しくても欠席した子どもの家に電話を入れるようにします。留守の時は留守番電話にお見舞いの言葉を入れ、心配していることを伝えます。
　電話が通じた時は「具合はどうですか」と欠席した子どもの容体を気づかいます。手紙・宿題・持ち物などの事務的な話はその後にします。保護者からの問い合わせがあればそれを受けます。
　最後は、「明日は学校で待っています」「今夜は宿題のことは気に

せずにゆっくりと休ませてください」とお見舞いの言葉を述べて電話を切ります。

　３分もあれば明日の連絡とお見舞いの言葉を伝えることができます。この３分が先生の信頼を高めたり、損ねたりするのです。

　「先生がお見舞いの電話をしてくれた」「先生が我が子のことを気にかけてくれた」と感じると、保護者は感謝します。信頼関係は感謝から始まります。

さらに一工夫

◎翌朝は先手を打ってお見舞いの電話

　前日に欠席した子ども宅へ「朝のお見舞い電話」をします。元気なら「学校で待っています」、欠席の時は「承りました。お大事にしてください」と心配していることを伝えます。朝の忙しい時間に保護者が連絡帳を書く手間を省けます。

あとがき

　本書を最後までご笑覧いただき、ありがとうございます。子どもとの関わりに悩んでいる先生のお役に立てたら幸いです。
　経験年数に関係なくクラスの荒れは生じます。若い先生の場合は適切な手立てのストックが少なくて荒れを招くようです。ベテランの先生は昔取った杵柄が通用しなくて荒れが生じます。未熟さと押しつけが荒れをつくるのでしょう。
　規範意識を持たせるためにも褒めたり、注意したりします。褒められて荒れる子どもはいませんが、注意されると反発する子どもがいます。反発する子どもたちとの関わりがクラスの行き先を決めます。
　若い先生は「どうしたの？」と子どもの気持ちに寄り添い、「じゃあ、どうしようか？」と一緒に悩んであげるといいでしょう。
　ベテランの先生は「どうしたいんだ？」とおおらかに構え、「何でも聞いてあげるよ」と見守ります。すると、子どもは胸襟を開くようになります。

　クラスが荒れると改善しよう、良いクラスにしようと意気込みますが、「当たり前」のことを評価すると子どもが楽になります。
・今日も登校してきたね。ありがとう。
・忘れ物がなくてよかったね。
・鉛筆を削っているから綺麗な文字を書けるね。
等々。

EXILEの「HERO」に「大切なことはいつも当たり前の中にある。つまらない毎日を笑って乗りこえてゆこう」という歌詞があります。
　先生方、大切なことは当たり前の中にあります。当たり前をありがたく、感謝して一日を過ごすと、先生の気分が楽になり、クラスの荒れもやがて収まるでしょう。

　最後になりましたが、学陽書房の後藤優幸さんには企画段階から貴重なアドバイスをいただき、和田麻子さん、太田遊さんには校正でお世話になりました。後藤さん、和田さん、太田さんのご尽力がなければ、本書は世に出ることがなかったでしょう。
　また、イラストレーターの尾代ゆうこさんには素敵なイラストを描いていただきました。
　この場をお借りして御礼申し上げます。

2012年　夏
城ヶ﨑　滋雄

ポイッ

● 著者紹介

城ヶ﨑 滋雄（じょうがさき しげお）

1957年、鹿児島県生まれ。
1980年、順天堂大学卒業後、千葉県の公立小学校教諭となる。
20歳代では、教育委員会に出向し社会教育に携わる。
30歳代では、不登校対策教員として不登校児童と関わる。
40歳代では、荒れたクラスの立て直しに努める。
50歳代では、子育て経験を生かして家庭教育にも活動を広げる。

現在も現役の小学校教師として「教育の本質とは何か」を追求しながら、教育情報誌『OF（オフ）』（新学社）や子育て情報誌『Popy f（ポピーエフ）』（新学社）を通して、若い教師及び保護者などに向けて、それぞれ学校教育・家庭教育に関するアドバイス・情報発信を行っている。

著書に『子どもと「ぶつからない」「戦わない」指導法！』『保護者と「ぶつからない」「味方をつくる」対応術！』（以上、学陽書房）、『「陸上競技」もの識り大百科』（明治図書出版）、共著に『誰でも成功する先生も楽しい学級づくり』（学陽書房）、『忙しい学校生活をのりきる！ ベテラン教師の超ワザ222』『すぐ使える・すぐ役立つ小学校コピー資料集3年』（以上、ひまわり社）などがある。

クラスがみるみる落ち着く
教師のすごい指導法！
── 荒れを克服する50の実践 ──

2012年 7月24日 初版発行
2016年 3月18日 7刷発行

著　者─────城ヶ﨑滋雄（じょうがさきしげお）
発行者─────佐久間重嘉
発行所─────学陽書房
　　　　　　〒102-0072　東京都千代田区飯田橋1-9-3
営業部─────TEL03-3261-1111　FAX03-5211-3300
編集部─────TEL03-3261-1112
　　　　　　振替口座　00170-4-84240

ブックデザイン／佐藤 博　イラスト／尾代ゆうこ
DTP制作・印刷／加藤文明社　製本／東京美術紙工

©Jougasaki Shigeo 2012, Printed in Japan　ISBN 978-4-313-65230-9 C0037
乱丁・落丁本は、送料小社負担にてお取替えいたします。

〈学陽書房の学校教育書〉

野口流　授業の作法

野口芳宏［著］　Ａ５判・並製　132ページ　本体1,700円＋税

名人に学ぶ、教師の姿勢。発表のさせ方、説明の仕方…どうしていますか？ 授業実践を中心に、教室での基本的な心構えから、準備と宿題、通知表に対する考え方まで。心得ておきたい、教師が児童に対する姿勢。

野口流　教師のための叱る作法

野口芳宏［著］　Ａ５判・並製　128ページ　本体1,700円＋税

子どもが教師の言葉を素直に受け入れる叱り方がある！　叱るときに子どもに姿勢を正させる、必ず謝罪をさせる、叱られた後に責任をとった子をはっきりとほめるなど、教師が押さえておきたい大事なポイントを具体的に提示。カリスマ教師の「叱り方」の極意がわかる本！

野口流　教師のための発問の作法

野口芳宏［著］　Ａ５判・並製　128ページ　本体1,700円＋税

授業の成否は、発問で決まる！　作問の極意から、発問と指示による指導のポイントまで、達人の技法をすべて伝える書！　授業の中で、教師の発問に対する子どもからの反応をどう受け止めて、どう展開するのかまで、新任の教師にもわかりやすく書かれた１冊！

野口流　教室で教える音読の作法

野口芳宏［著］　Ａ５判・並製　128ページ　本体1,700円＋税

子どもたちの音読を確実に向上させる指導法を伝授！　すべての学習の基礎ともいえる「音読」。しかし、活動はあっても「指導」がないというのが現状。稀代の授業名人が、その「音読」のどんな点をどのように指導すればいいのかを明快に示していく！

できる教師のすごい習慣

山中伸之［著］　Ａ５判・並製　152ページ　本体 1,700 円＋税

　忙しい先生のための時間を生みだす仕事術。ちょっとした工夫や努力で時間はつくれる、驚くほど作業がはかどる。誰でも実践できる、仕事が早く正確で学級経営の上手な「できる教師」になるためのアイディア 66 項目。

できる教師の叱り方・ほめ方の極意

山中伸之［著］　Ａ５判・並製　152ページ　本体 1,700 円＋税

　叱り方・ほめ方で重要となるのは、一貫して「ぶれない」こと。時に厳しく、時にあたたかい教師には、子どもたちが必ずついてくる！　学級に秩序を生みだし、教師と子どもとの適切な距離感をつくりだす適切な指導法を紹介！

仕事がパッと片づく！　うまい教師の時間術

中嶋郁雄［著］　Ａ５判・並製　128ページ　本体 1,700 円＋税

　もっと効率的に仕事ができて、生活が充実し、クラスも伸びる方法を知りたい人へ。年間のダンドリから、毎日の仕事のこなし方まで、忙しい教師のための人生を変える時間術！

そのクラス、うまい教師はこう動かす！

中嶋郁雄［著］　Ａ５判・並製　124ページ　本体 1,700 円＋税

　落ち着きがなく騒がしい…、子どもたちが指示や指導を素直にきかない…。そんな悩みをバッチリ解消！　クラスをリードし、子ども集団をうまく動かす力が身に付く 1 冊！